부동산
왕초보 탈출기

부동산 왕초보 탈출기

초판 1쇄 발행 2016년 5월 30일

지은이 서성수 이영래 임태섭
그린이 류지혜
펴낸이 강수걸
편집장 권경옥
편집 정선재 윤은미 문호영
디자인 권문경 구혜림
펴낸곳 산지니
등록 2005년 2월 7일 제14-49호
주소 부산광역시 연제구 법원남로15번길 26 위너스빌딩 203호
전화 051-504-7070 | 팩스 051-507-7543
홈페이지 www.sanzinibook.com
전자우편 sanzini@sanzinibook.com
블로그 http://sanzinibook.tistory.com

ISBN 978-89-6545-342-0 03320

부동산
왕초보 탈출기

서성수 · 이영래 · 임태섭 지음 | 류지혜 그림

산지니

들어가며

　현대인들은 편리함에 길들여져 있다. 집 안의 가전제품을 찬찬히 살펴보면 과거에 비해 얼마나 편하게 살고 있는지 새삼 느낄 것이다. 돈보다 더 중요한 가치의 존재 여부와 관계없이 돈이 없으면 불편해진다. 다들 악착같이 돈을 벌고 싶어 하는 것도 매우 단순한 인간의 본능으로 볼 수 있다. 다시 손빨래를 하며 살기는 싫고, 엘리베이터 없는 고층을 헉헉대며 짐을 나르기도 싫기 때문이다. 오래 산다는 것은 퇴직 후 살아야 하는 삶이 퇴직 전까지의 삶보다 더 길 수 있음을 의미한다.

　우리나라는 경제력에 비해 상대적으로 복지와 연금제도가 덜 갖춰진 국가이다. 퇴직 후 생각하기도 싫은 끔찍한 불편함을 겪을 수도 있다는 불안감이 엄습할 수밖에 없다. 월급만으로 착실히 노후를 준비하며 살 수 있다는 생각은 이제 접어야 할 것 같다. 어떤 분야를 선택하든 경제의 흐름을 이해하고 재테크에 나서는 일은 선택의 문제가 아니라 당위의 문제다.

　불과 얼마 전까지만 해도 대한민국에서 최고의 재테크 투자 방법은 부동산이었다. 그런데 최근 들어 부동산 투자는 '저무는 태양'이며 심지어는 '난파 직전의 타이타닉'이라는 얘기까지 나온다.

　그 말이 옳다면 생각만 해도 끔찍하다. 타이타닉 영화를 떠올려보시라. 탈출하고 싶은 마음이 마구 샘솟을 것이다. 반면에 여전히 부동산 불패 신화를 외치는 측도 만만치 않게 존재한다. 시간은 오후 2시를 가리키고 있는데, 벌써부터 날 저무는 것을 생각해서 놀지 못한다면 얼마나 억울할까? 잠시의 풍랑에 안전한 배를 버리고 위험천만한 보트로 갈아타고 있었다면? 원통해서 잠을 못 이룰 수도 있을 것이다.

위 질문에 대해 확실한 정답을 알 수 있는 사람은 단언컨대 없다. 사람은 신이 아니기 때문이다. 그렇지만 배의 안전성을 진단할 수 있는 능력을 키우고 태양이 어디쯤에 와 있는지 알아보는 방법을 배운다면 조금은 선택의 어려움에서 벗어날 수 있을 것이다.

어떻게 해야 부동산 시장에 대한 이해도를 높여 투자에 성공할 수 있을까? 부동산 투자를 하기 위해서는 법적, 경제적, 사회문화적 지식과 인간심리까지도 읽을 수 있는 종합적인 통찰력이 필요하다.

사실, 과거에는 별다른 지식이 없어도 투자에 별 어려움이 없었다. 결과도 대부분 좋았다. 고도성장기에는 지식보다 행동이 중요했다. 이것저것 재고 있다 보면 기회는 순식간에 눈앞에서 사라진다. 역설적으로 어떤 투자방법을 택하든 좋은 결과를 가

저울 가능성이 높았다. 예금을 하든, 사업을 하든, 주식투자를 하든 성공확률이 지금보다는 높을 수밖에 없었다. 그중에서도 으뜸은 부동산 투자였다. 도시가 확장되고 인구가 집중되면서 각종 인프라 구축이 이뤄졌고, 그 혜택은 고스란히 부동산 투자자에게로 이어졌다.

격세지감이랄까? 고성장이 멈춘 대한민국은 저금리, 저물가, 저성장이 키워드다. 이른바 뉴노멀(New Normal) 시대가 도래하면서 디플레이션을 걱정해야 할 정도로 시대는 급변했다. 부동산 투자에 대한 접근법도 달라져야 함을 의미한다.

이 책의 저술 목적은 부동산 투자 패러다임이 변했음을 인지하자는 것이다.

시중에 회자되는 말이 있다. '공부 많이 하면 돈 벌기 힘들다.' 성공한 투자자 상당수가 그 말을 되된다. 공부를 많이 하면 리스크를 고려하게 되고 행동으로 옮기는 것에 부담을 느끼게 된다는 게 그들의 논리다. 많이 아는 게 오히려 독으로 작용하는 시대. 과연 그럴까? 시대가 변했다. 부동산 투자뿐만 아니라 세상 모든 투자는 알고 해야 한다. 더 이상 운에 맡겨 성공하는 투자는 없다.

많은 사람들이 부동산을 친숙하게 여기면서도 정작 부동산 공부에는 거부감을 보인다. 그런 그들에게 늘 하고 싶은 얘기가 있다. '아는 게 힘이다.'

편안하게 읽고 꼭 필요한 부동산 관련 지식을 섭렵할 수 있는 책을 저술해야겠다는 생각을 품고 있었다. 이런저런 핑계로 차일피일 미루고 있던 차에 기회가 생겼다. 부산일보사에서 부동산에 쉽게 접근할 수 있는 취지의 칼럼을 의뢰해 왔기 때문이다.

부동산 분석 전문가인 부동산서베이 이영래 대표, 부산일보 임태섭 기자와 더불어 1년간 부산일보 지면에 매주 칼럼을 연재했다. 다행스럽게도 독자 호응이 좋았다. 그래서 이번에 통계자료 등을 보완해 책으로 출간하게 됐다.

이 책이 부동산에 관한 전부를 다루지는 못했지만 최소한 부동산 투자에 나서기 전 반드시 알아야 할 핵심적인 것들은 담겼다고 자부한다. 또한 초심을 잃지 않고 마지막까지 초보자의 눈높이에 맞추고자 최선을 다했다.

작더라도 이 책과 인연의 끈이 닿은 모든 분들에게 행운이 함께하기를 바란다.

초록 물결로 영글어가는 교정에서
서성수

부동산왕초보탈출기의 구성과 활용법

이 책은 서문에서 밝힌 것처럼 부동산 초보자들이 흥미를 가지고 부동산 지식을 쌓아갈 수 있게 하자는 목적에서 출발했다. 2015년 1월 6일부터 12월 29일까지 부산일보에 고정적으로 연재한 내용이 기본 바탕이 되었다.

『부동산 왕초보 탈출기』는 일상적인 생활 속에서 부동산을 주제로 대화를 이어가는 방식을 취했다. 이는 이 책이 가진 최대 장점이다. 부동산과 관련된 시중의 어떤 서적보다도 흥미를 가지고 쉽게 읽어 내려갈 수 있을 것으로 기대한다. 하지만 한계도 있다. 신문 지면이 허용하는 분량에 맞추다 보니 전하고 싶은 내용을 모두 말하지 못한 경우가 더러 있었다. 이 때문에 상대적으로 체계와 정보가 부족하게 느껴질 수 있다.

이 책은 부동산 초급을 독자층으로 둔 탓에 주거용 부동산에 많은 분량을 할애했다. 중급용이라 여겨지는 경매와 상가는 깊이 다루지 않았다. 또한 고급 과정인 토지 분야는 애초에 제외했다.

책 이름에서 알 수 있듯 저술 목표는 왕초보 탈출이다. 그러나 보다 더 높은 수준을 원하는 독자들의 욕구도 충족할 필요가 있다고 판단해 장점을 살리되 단점을 보완하는 조치를 취했다.

먼저, 주제 관련 통계와 그래프, 사진을 여러 곳에 삽입했다. 대주제가 마무리되는 지점에서는 '전문가 따라잡기'라는 코너를 따로 만들었다. 여기엔 연재 당시 미처 싣지 못했던 내용을 담았다. 주제를 압축적으로 보여주는 그림도 넣었다. 시각적인 재미뿐 아니라 대주제의 핵심을 이해하는 장치라 믿는다. 마지막으로 부동산 투자에 도움이 되는 다양한 사이트를 부록에 소개했다. 정보 접근 방법과 부동산 공부서류에 대한 안내, 실제 등기부 읽는 법도 함께 설명했다. 이런 노력이 완벽하지는 않겠지만 부동산 왕초보 독자가 초보 딱지를 떼는 데 도움이 되길 바란다.

PS.
이 책을 통해 투자에 대한 본인의 성향을 생각해 볼 수 있는 시간을 가졌으면 합니다. 그리고 책 주인공인 왕초보 씨를 따라 부동산 여행을 즐기세요. 너무 욕심 부리지 말고 처음엔 본문만 읽어 내려가길 권합니다. 그다음부터 관심 가는 주제를, 전문가 따라잡기 코너를 읽어보는 게 좋습니다. 부록에 소개된 부동산 사이트에 접속해 최신 통계와 정보를 자주 점검하는 습관을 들이세요. 어느새 괄목상대한 자신을 발견할 수 있을 겁니다.

chapter 01

분양권 투자와
청약통장

〈2015년 10월 27일 부산일보 3면 보도〉

거래 아파트 3채 중 1채가 전매···
'청약 로또'에 전국이 들썩

전국 청약 시장 열기가 뜨거운 만큼 분양권 전매도 과열 양상이다. 부산·대구 등 수도권을 제외한 전 지역에서 청약률 고공행진과 더불어 전체 아파트 거래량 대비 분양권 전매 비율이 30%를 웃돌았다.

프리미엄을 노린 투기 수요가 분양 시장을 휩쓸며 내 집을 마련하려는 실수요자들이 향후 입주 때 프리미엄 하락과 아파트 가격 조정으로 피해 볼 우려를 낳고 있다.

영산대 주택도시연구소 서정렬 교수는 '2015년 1~9월 아파트 분양권 전매' 분석을 통해 이같이 밝혔다. 한국감정원의 '아파트 월별 거래원인별 거래' 자료를 활용했다.

올해 1월부터 9월까지 우리나라에서 거래된 아파트 건수는 총 92만 6천425건이다. 매매는 61만 7천631건(66.6%), 분양권 전매가 27만 7천825건(30.1%)이었다.

(···)

부산은 8번째이긴 하지만 전매 비율이 전국 평균치(30.1%)를 상회했다. 총 아파트 거래 건수 8만 6천221건 중 3만 636건이 전매였다. 16개 구·군별로는 강서구의 분양권 전매비율이 81.9%로 가장 높았다. 이어 서구(55.9%), 연제구(50.4%), 남구(40.5%), 수영구(39.8%) 순이었다.

01

부동산 투자와 고스톱

경제학은 선택의 학문이다. 만족감을 극대화하기 위한 최적의 재화 소비 조합을 찾아내는 게 경제학이다. 재화 A를 포기하고 재화 B를 선택할 때 포만감이 늘어난다면 당연히 B를 골라야 한다는 말이다.

부동산 투자도 선택이 중요하다. 목돈을 오피스텔에 꽂아야 할지, 재건축 아파트에 넣어야 할지, 혹은 개발 예정지에 묵혀 둬야 할지 판단해야 한다. 그런데 이 선택이란 게 간단한 일이 아니다. 안정적으로 기어갈까, 과감하게 달려 볼까. 생때같은 목돈을 날리면 어쩌나 고민된다. 부동산 투자를 고스톱 스타일에 빗대 보자. 여기 스타일이 상반된 두 사람이 있다.

소심 씨는 '3점 먹고 스톱'을 외치는 타입이다. 가늘고 길게 살고 싶다. 보수적이고 신중하다. 빚이 부담스럽다. 매달 나가는 이자가 너무 아깝다. 그 돈이면 자녀를 학원에 몇 군데 더 보낼 수 있고, 근사한 데서 외식도 몇 번 더 할 수 있다. 소심 씨는 꾸준한 저축과 빚 없는 삶이 최고라 여긴다.

대박 씨는 '못 먹어도 고' 스타일이다. 3점 먹고 언제 판을 끝내나? 모 아니면 도다. 공격적인 성격에 빚을 두려워하지 않는다. 까짓 1년 이자 해 봐야 얼마 안 된다. 한 방만 잘 터지면 해결된다. 부동산 투자 계약금만 있으면 지르고 본다.

소심 씨와 대박 씨 중 어느 쪽이 나을까. 교과서적인 답변은 뻔하다. 소심 씨다. "분수껏 살아라. 대박 씨는 쪽박 차는 유형이다." 그러나 부동산 전문가들은 의견이 조금 다르다. "소심 씨는 결코 부동산 투자를 할 수 없고, 대박 씨는 언젠가 큰 화를 당한다." 소심 씨의 신중함과 대박 씨의 과감성을 결합한 스타일이 필요하다는 뜻이다.

서민들이 신중하기는 쉽다. 평생을 그렇게 살아왔으니. 반면, 대박 씨처럼 결단을 내리는 건 엄두를 내지 못한다. 투자 실패의 그림자가 늘 어른거려서다. 만약 성공 확률을 높이는 방법이 있다면? 행보가 달라지지 않을까.

그 길의 출발점은 부동산 기본 지식이다. 무수히 많은 투자 종목과 특성, 유의점을 찬찬히 살피는 것이다. 물론 이런 지식이 부동산 투자의 충분조건은 아니다. 하지만 분명한 건 그게 필요조건이고 어떤 선택을 하든 기본 무기가 된다는 점이다.

다시 질문으로 돌아가 보자. 부동산 투자에 적합한 유형은 소심 씨일까, 대박 씨일까. 대박 씨다. 자본주의 생리가 그렇다.

분양권 투자와 장미

2014년과 2015년 부산 분양권 시장이 야단이다. 2014년 전국 청약경쟁률 '상위 10' 리스트에 3개 단지가 부산에서 나왔다. 래미안장전 146 대 1, 대신푸르지오 131 대 1, 대연롯데캐슬레전드 90 대 1. 대구도 만만찮다. 역시 3개 단지가 '상위 10' 리스트에 올랐다. 부산과 대구의 열기가 비슷해 보인다.

과연 그럴까. 표물을 한번 보시라. 부산 쪽은 959~3천149세대의 대규모 단지다. 대구는 175~578세대의 중소형 단지다. 감이 오시는가. 가령, 3천 세대 A 아파트와 500세대 B 아파트 청약경쟁률이 똑같이 100 대 1이라 치자. A 아파트엔 30만 명이, B 아파트엔 5만 명이 몰렸다는 뜻이다. 무려 25만 명의 차이다. 대구가 활황세지만 부산은 그 이상이라는 걸 시사한다. 이 때문에

2015년 청약경쟁률 상위 10위

순위	위치	아파트명	총 가구수	청약 경쟁률
1	부산 금정구	래미안장전	1,938	146.20
2	대구 수성구	브라운스톤범어	180	141.95
3	경기 성남	위례자이 (A2-3BL)	517	140.34
4	부산 서구	대신푸르지오	959	131.33
5	대구 수성구	범어라온프라이빗	175	118.71
6	경남 창원	창원더샵 센트럴파크2단지	624	92.50
7	부산 남구	대연롯데 캐슬레전드	3,149	90.03
8	서울 강남구	세곡2지구 6단지(공공분양)	144	85.60
9	경남 창원	창원더샵 센트럴파크1단지	386	82.38
10	대구 북구	오페라삼정 그린코아더베스트	578	76.86

부산의 투자 과잉을 우려하는 목소리가 높다. 분양받은 물량이 입주 시기에 한꺼번에 쏟아지면 수익은커녕 본전 찾기도 곤란하다. 지방 분양 열풍은 정부가 실마리를 제공한 바 크다. 2년이었던 청약통장 1순위 자격을 지방만 6개월로 낮췄다. 2015년엔 수도권이 2년에서 1년으로 짧아졌다. 부동산 경기 활성화가 목적이다. 그러나 알아둘 게 있다. 정부는 원래 의리가 좀 부족하다.

투자자가 정부 바람대로 없는 돈 마련해 청약 경쟁에 뛰어들지만, 정부는 언제 그랬냐는 듯 변심(?)할 수 있다. 규제라는 전가의 보도를 휘두르며. 2015년 1월 9일 국토교통부가 입법 예고한 '주택법 시행령 개정안'이 한 예다. 3개월간 아파트 매매 가격이 10% 이상 오르거나 평균 청약경쟁률이 20 대 1을 넘으면 분양가 상한제를 적용한단다. 정부 속성은 그렇다.

각설하고, 본격적으로 분양권 투자의 세계로 들어가 보자. 분양권은 사업승인을 받은 주택이나 재건축 · 재개발에서 조합원 물량을 빼고 남은 물량(일반분양 물량) 중 입주자 모집공고와 청약절차를 거쳐 당첨된 사람이 분양받을 권리다.

분양권을 가지면 새 아파트에 들어갈 권리가 주어진다. 또 분양권을 팔면 전매 수익이 생긴다. 이 때문에 일반인들이 분양권 투자에 열을 올린다. 특히 분양권은 회수 기간이 빠르고 수익률이 높은 투자 종목이다. 게다가 요즘은 초기 계약금이 낮아지고, 중도금도 무이자가 대세다. 래미안장전의 경우 계약금이 5%였다. 3억 원짜리를 1천500만 원에 분양받는 셈. 잘만 전매하면 프리미엄도 꽤 짭짤하다.

그러나 분양권 투자는 가시를 숨긴 장미다. 세금도 소홀히 여겼다가는 큰코다치기 일쑤다. 경기 상황 오판으로 매도 · 매수 타이밍을 놓치면? 그야말로 막막하다. 대출 이자 물며 울며 겨자 먹기로 전세를 놓을 수밖에. 장미의 유혹에 걸려 피(?) 본 사람이 어디 한둘일까.

분양권 투자와 사윗감

분명 분양권은 관심 둘 만한 투자처다. 안전성, 환금성, 수익성을 다 갖춘 상품이어서다. 분양관계자, 현장 주변 부동산, 분양권 투자 전문 고수들의 속삭임도 달콤하다. "얼마간의 프리미엄이 보장돼. 인기 단지를 몇 번 전매하면 프리미엄이 올라. 분양권 몇 개 잡아 돌리면 짧은 시간에 큰돈을 만져!"

틀린 말은 아니다. 하지만 분양권도 투자 상품이다. 리스크가 따른다는 얘기다. 계획대로 안 될 때의 심적 부담감과 잔금을 치르는 금전 손실이 예상 외로 클 수도 있다.

그렇다면 어떻게 해야 할 것인가. 무엇보다 분위기에 휩쓸려선 안 된다. 향후 시장 전망과 아파트 입지 조건을 객관적으로 볼 수 있는 분석력을 길러야 한다. 또 자금 조달 능력도 따져야 한다.

분양권 투자에서 부동산 경기 전망은 중요한 요소다. 투자라는 게 통상 심리 게임이기 때문이다. 심리 게임에선 경제학의 기본 개념인 수요와 공급 원칙이 종종 무용지물이다. 해서 물건이 아무리 저평가된 상태라 해도 꺾인 심리가 움직이지 않는다. 반면 심리가 살아 있으면 고평가된 물건이더라도 다들 불나방으로 변신해 달려든다. 이 같은 심리를 결정하는 게 바로 부동산 경기 전망이다.

심리 게임에선 잘나갈 때 특히 몸을 사려야 한다. 흐름에 취했다간 패배하기 일쑤다. 현재의 분양 물량과 입주 물량을 검토하고 냉정하게 판단하는 눈을 가져야 한다. 그래야 실패하지 않는다. 물론 아무리 조심해도 안 될 때가 있다. 괜찮다. 우리는 신이 아니고 불완전한 인간이다. 무엇보다 시행착오는 기회비용이다. 근육 쓰듯이 분석과 판단을 훈련하면 점점 최선의 선택에 가까워진다.

부모가 결혼 앞둔 자녀에게 흔히 하는 충고가 있다. '불같은 사랑은 영원하지 않다.' 배우자 선택은 까다로운 작업이다. 성격, 능력, 외모, 학벌, 집안, 평판, 잠재력… 고려해야 할 요소가 적지 않다. 분양권도 똑같다. 교통 편의성, 학군, 평면 구조, 단지 규모, 주변 편의시설, 대중적 선호도, 개발 가능성을 검토해야 한다. 모든 요소를 저울대에 놓고 가늠해야 한다. 일반인으로선 어렵게 들린다. 그러나 해결 방법이 없는 건 아니다. 비교 단지를 몇 개 골라 놓고 지인과 더불어 요소별 평점을 매기면 가능하다.

분양권 투자의 핵심 요인은 역시 돈이다. 훌륭한 사윗감을 봐도 열쇠 3개를 줘야 데려올 수 있다면 다시 생각해야 한다. 부동산 시장도 다를 바 없다. 분양가가 주변 시세보다 터무니없이 높다거나 분양권 구매 때 지나친 프리미엄이 들어간다면 일단 호흡을 가다듬어야 한다. 자칫 건설 회사나 매도인에게만 좋은 일 시켜 주기 십상이다.

이미 중개업소와 매수인의 구애를 즐기고 계신가? 매수인이 언제까지 내 주변을 맴돌며 우러러볼 것이라는 착각은 버리시라.

O4

분양권 투자와 세금

분양권 투자 때 간과하는 게 세금이다. 본격적인 공부에 앞서 짚고 가자. '부동산 고스톱' 판에 나왔던 소심 씨와 대박 씨를 다시 소환한다.

소심 씨는 착잡하다. 십수 년간 아내 몰래 모은 비상금 통장. 2천만 원이 들었다. 짠돌이로 살며 그만큼 모았는데 뿌듯하지 않다. 박탈감이 크다. 전날 회식 자리에서 들은 소문 탓이다. "총무과 대범 씨가 분양권에 당첨돼 프리미엄 5천만 원을 벌었대. 계약금으로 1천5백만 원 투자했으니 수익률이 얼마야." "영업팀 대박 씨는 청약통장 10개를 사서 하나 당첨되고, 다음 날 당첨권 2장을 3천만 원에 구매했대. 그러니까 지금 분양권을 3개나 들고 있어. 그 프리미엄이 벌써 6천만~7천만 원을 호가한다나. 더 오를 거라서 안 판다지, 아마."

쥐꼬리만 한 이자에 기뻐했던 자신이 초라하기까지 한 소심 씨. 분양권 투자나 해볼까?

신규 분양시장이 한참 활황인 때 어렵지 않게 경험하는 풍경이다. 하지만 알아야 할 게 있다. 바로 세금이다. 대범 씨가 3천 500만 원을 다 손에 넣은 것은 아니란 얘기다.

주택과 분양권 양도소득세율 비교

보유 기간	1년 이내	2년 이내	2년 초과
주택	40%	6~38%	6~38%
분양권	50%	40%	6~38%

양도소득세 일반과세율

양도 차액(프리미엄)	양도소득세율	누진 공제액
1천200만 원 이하	6%	0
1천200만 원 초과 ~ 4천600만 원 이하	15%	108만 원
4천600만 원 초과 ~ 8천800만 원 이하	24%	522만 원
8천800만 원 초과 ~ 1억 5천만 원 이하	35%	1천490만 원
1억 5천만 원 초과	38%	1천940만 원

분양권은 양도차익을 세금으로 물어야 한다. 분양권을 1년 이내에 되팔면 50%의 양도소득세와 5%의 지방소득세를 낸다. 양도차익의 55%가 세금이란 말이다. 양도소득 공제분이 있기는 하다. 1년에 1인당 250만 원이다. 예를 들면 이렇다. 대범 씨는 차익이 3천500만 원이다. 공제분을 제외하면 3천250만 원. 세금은 이 돈의 55%인 1천700만 원이다.

돈을 벌었으니 법대로 세금을 내면 된다. 하지만 사람 욕심이 어디 그런가. 해서 다운계약서 유혹에 빠진다. 예전엔 관행처럼 행해졌고 잘 넘어갔다. 그러나 2013년 대연 혁신도시 불법 전매자와 다운계약서 작성자가 호되게 당했다. 이후 상황이 달라졌다.

세금을 줄이려면? 분양권을 2년 이상 들고 있다 팔면 된다. 그러면 세금은 소득 수준별 6~38%로 확 떨어진다. 문제가 남았다. 1년 뒤의 부동산 시장을 분석할 줄 알아야 한다는 점이다. 시장이 무너지면 갑갑한 상황에 빠질 우려가 있어서다.

대박 씨 방식은? 2000년 초반엔 그렇게 돈 번 사람이 꽤 많다. 이제는 부동산 시장이 바뀌었다. 관계 당국 단속망에 걸려 망신살 뻗칠 소지가 적잖다. 요행이 따르더라도 '물딱지 사기'에 걸려들 공산도 크다. 청약을 하면 당첨 → 당첨자 공고 → 분양계약서 작성 → 계약금 납부에 일주일쯤 걸린다. 이 기간에 사고파는 분양권이 바로 '물딱지'다. 이 기간에 당첨자는 당첨 내용을 인터넷으로 얼마든지 출력 가능하다. 한 명의 당첨자가 인터넷

출력지를 여러 명에게 판매할 수 있다는 뜻이다

분양권 투자 때 세금을 제대로 살피지 않고 덤벼선 곤란하다. 그렇다 해도 세금에 너무 집착하면 매도 타이밍을 놓칠 수 있다. 해법은? 간단하다. 모든 걸 종합적으로 판단할 수 있는 분석력과 욕심을 제어할 수 있는 자제력을 길러야 한다. 투자란 게 마지막에 웃어야 진정한 승자다.

이제 워밍업은 끝났다. 다음 장부터 본격적인 부동산 투자 요령 익히기에 들어간다. 이 책의 주인공인 왕초보 씨도 다음 장부터 등장한다.

05

왕초보의 청약통장

비정규직 설움을 겪다 마침내 정규직이 된 왕초보 씨. 다달이 나오는 월급으로 내 집 마련 희망을 품는다. 동료에게 조언을 구했더니 청약통장부터 가입하란다. 청약 열풍 시대라나. 신문을 뒤적이다 보니 그럴 만도 하다. '청약통장 가입자 급증, 부산 주택청약종합저축 가입자 2014년 말 현재 101만 명, 6개월 전과 비교해도 11만 명 증가.'

청약통장이 낯선 왕초보 씨. 어디서부터 손을 대지?

우선 주택청약종합저축 통장을 알아야 한다. 주택청약종합저축 통장은 2009년 5월 처음 생겼다. 만능 통장으로 불린다. 예전엔 청약 예금이나 청약 부금, 청약 저축이 있었다. 금액 따라 신청할 아파트 평형이 달랐다. 청약 저축은 공공주택, 청약

부금과 청약예금은 민영아파트 용도였다. 하지만 이젠 주택청약종합저축 통장 하나면 된다. 청약통장은 부동산 재테크의 기본이다. 시중 예금 금리보다 높고, 올해부터 소득공제가 확대됐다.

인터넷 기웃하던 왕초보 씨는 헷갈린다. 직장 내 '재테크니션'으로 불리는 김 대리를 찾았다. "어떻게 해야 가입하죠?"

가입 특징부터 보자. 나이 제한이 없다. 모집공고 조건에 해당되면 모든 주택에 청약할 수 있다. 일시불로 예치해도, 월 2만~50만 원까지 납입해도 된다. 통장은 어린아이도 만들 수 있다. 하지만 청약 자격은 19세 이상이어야 한다. 다만, 19세 미만이라 해도 세대주라면 청약 가능하다. 부산 집을 놔두고 형제자매가 모두 서울에 유학 갔다면 통상 맏이가 세대주를 한다. 이때 그 맏이가 미성년자라도 청약 자격이 있다는 말이다.

가입은? 은행에서 한다. 우리은행, 기업은행, 농협은행, 신한은행, 하나은행, 국민은행, 부산은행 등이다. 절차는 일반 통장 개설과 다를 바 없다. 주민등록등본, 주민등록증, 도장, 초기 납입금을 구비해야 한다. 납입금액은 형편대로. 통장을 개설하면 매월 납입금을 넣는다. 부산은 6개월이 흐르면 1순위 자격으로 청약이 가능하다. 서울은 1년이다.

고개 끄덕이는 왕초보 씨에게 김 대리가 당부한다.

"청약 신청 전엔 아파트를 거주용으로 할 건지, 투자용으로 할 건지 결정하는 게 필요해. 잊지 마!" 면적 기준이 달라져서다. 무

슨 말이고 하니 이렇다. 면적별 총납입금액이란 게 있다. 전용면
적 85m² 이하는 300만 원, 85m² 초과~102m² 이하는 600만 원,
102m² 초과~135m² 이하는 1천만 원 식이다. 이 금액이 예치된
채로 6개월 이상 되어야 한다.

청약예금통장 지역별 예치금

주택의 전용면적	지역별 예치금액 (단위 : 만 원)		
	서울/부산	기타광역시	기타 시/군
85m² 이하	300	250	200
102m² 이하	600	400	300
135m² 이하	1천	700	400
모든 면적	1천500	1천	500

출처: 아파트투유

청약 신청은 어디서 할까. 아파트투유(www.apt2you.com)와
국민은행 홈페이지에서 한다. 두 군데다. 아파트투유는 금융결
제원에서 운영하는 사이트다. 청약통장을 국민은행에서 만들었
다면 국민은행 사이트에서 신청하면 된다.

왕초보 씨는 아직도 궁금한 게 많다. 청약가점제니 무주택기
간이니 면적이니 등등. 다음 장에선 실제 청약 때 주의해야 할

사항을 알아본다.

06

왕초보의 청약 도전기

어느덧 결혼 6년 차인 왕초보 씨. 자녀 2명을 둔 35세 가장이다. 요즘 고민에 빠졌다. 집주인이 전세금을 너무 많이 요구해서다. "이참에 아파트 분양받아 봐." 직장 상사 김 대리가 역세권 대단지 아파트를 권한다. 아내도 주변에서 분양권 프리미엄 얘기를 많이 들어서인지 왕초보 씨를 부추긴다. 그래, 한번 해 보자.

왕초보 씨는 아파트투유(www.apt2you.com)를 청약 창구로 골랐다. 조심해야 할 게 뭘까. 청약 신청은 정확히 기재해야 한다. 운 좋게 당첨이 되더라도 입력을 잘못해 부적격으로 처리되면 이건 황망하다. 당첨자 발표일도 눈여겨봐야 할 대목. 맘에 드는 아파트가 2개여서 동시에 청약했다가 당첨자 발표일이 같으면 모두 무효가 된다.

이어 주택규모를 선택한다. 겨냥한 물건은 전용면적 85㎡ 이하 아파트. 청약통장에 300만 원을 만들어 놔서 문제없다. 왕초보 씨는 85㎡ 초과~102㎡ 이하 아파트를 신청할까 잠시 망설인다. 그러려면 청약통장 예치금을 600만 원으로 늘려야 한다. 변경 신청한 날로부터 3개월만 지나면 된단다.

이제 청약이다. 아파트들이 쭉 나온다. 내 집 마련 꿈에 잠시 흥분된다. 청약 신청자를 확인한다. 주저된다. 방향이 좋은 84㎡ A타입은 경쟁이 심할 것 같고, 다른 타입은 당첨돼도 프리미엄을 기대하기 힘들 것 같다. 그래도 84㎡ A타입을 신청했다. 청약 가점제 후 추첨제로 60%를 뽑는 까닭에 운만 좋으면 프리미엄을 챙길 수 있어서다.

다음은 주소지 선택. 부산에 사니 당해 지역 부산을 택한다. 이젠 가점 항목을 입력할 차례다. 주택 소유 여부부터 시작하자. 입주자 모집공고일 현재 기준이다.

이어 무주택 기간 입력. 만 30세 되는 날부터 무주택이었던 기간을 말한다. 그전에 결혼했다면? 혼인 신고일로 등재된 날부터다. 왕초보 씨는 만 29세에 결혼했다. 6년 이상~7년 미만에 해당된다. 점수는 14점. 만약 주택을 소유했다 처분했다면? 처분일 이후 기간을 무주택으로 계산해야 한다.

이번엔 부양가족 숫자. 배우자는 세대 분리라도 부양가족으로 인정된다. 자녀는 미혼이고 30세 미만이어야 한다. 30세 이상 자녀라면 미혼이고 1년 이상 같은 주민등록등본에 등재돼야 한다. 부양가족이 3명이므로 점수는 20점이다.

청약통장 가입일은 왕초보 씨의 경우 8년 이상에 해당돼 점수가 10점이다. 마지막으로 청약 가점 점수를 확인한다. 왕초보 씨는 총 44점(14점+20점+10점)이다.

그러나 왕초보 씨가 청약 신청했던 84m² A타입 당첨자의 청약가점은 최저 64점, 최고 67점이었다. 결국 당첨되지 않았다. 왕초보 씨는 다시 전세금으로 전전긍긍한다.

청약신청절차

청약신청은 아래의 순서로 진행됩니다.

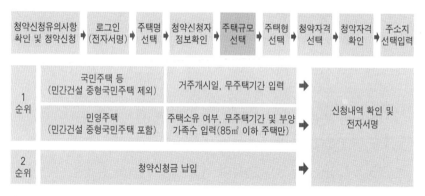

출처: 아파트투유

07

왕초보의 청약 실패

아파트 청약 당첨 꿈이 수포로 돌아간 왕초보 씨는 고민에 빠졌다. 자신의 청약 가점이 너무 낮아서다. 인기 아파트는 언감생심. 돈 벌기가 역시 쉽지 않다.

점수가 안 되니 기댈 데는 추첨제뿐이다. 실낱같은 확률로 덤비자니 한숨만 난다. 당첨 가능성 높은 비브랜드 아파트를 알아봐? 선뜻 내키지 않는다.

그나저나 문득 궁금한 게 있다. 분양 열기가 이렇게 뜨거운데 실제로 분양을 많이 한 걸까. 왕초보 씨는 인터넷을 통해 부산 분양 아파트 전체 물량을 조사해 봤다. 2013년 9천160세대, 2014년 2만 5천311세대, 그리고 2015년은 2만 세대 이상 분양 예정이다. 전문가들은 2만 2천 세대까지 물량이 늘 거란다.

이상한 게 눈에 띈다. 분양 아파트의 총 세대수와 청약 모집 세대수가 차이가 난다. 왜 그럴까? 모를 땐 '재테크니션' 김 대리에게 묻는 게 상책. "분양 아파트 대부분이 재개발 아파트야. 분양하더라도 조합원들은 별도로 분양하지 않지. 결국 청약 모집은 조합원 세대수를 제외한 일반 세대수야." 그렇군.

김 대리가 최근 분양한 남구 대연동 A 아파트 사례를 들려줬다. 총 세대수는 3천149세대. 일반 분양물은 1천866세대에 그쳤다. 그러니까 약 1천200세대는 일반 분양 열외 대상인 셈.

2015년 부산 분양 아파트 물량

구분	분양 세대수		
	총분양	일반공급	조합원
부산시	21,551	18,090	3,461
연제구	1,600	1,185	415
동래구	3,393	3,393	–
해운대구	2,874	2,338	536
남구	2,718	1,872	846
부산진구	2,468	1,674	794
수영구	1,620	1,069	551
사하구	1,416	1,416	–
기장군	1,238	1,238	–

동구	953	891	62
서구	881	624	257
강서구	750	750	–
영도구	504	504	–
사상구	498	498	–
금정구	435	435	–
북구	203	203	–
중구			–

출처: 통계청, 각 사이트 집계

의문은 계속된다. 분양 프리미엄이 하늘 모르고 치솟는데 이렇게 많은 조합원 물량이 과연 입주 때 100% 들어올까? 주변 부동산중개업소에 들러 상담을 받아 봤다. 전매 물량이 꽤나 나와 있다는 답변이다. 그 조합원들은 어디로 갈까? 아파트 입주가 시작되면 주변 아파트 가격이 출렁이지 않을까?

왕초보 씨. 생각을 정리한다. 일반 분양물과 조합원 분양물. 자료를 펼쳐놓고 한참을 뚫어지게 바라본다. 3년간 분양한 총 세대수와 일반 분양 세대수가 1만 세대 정도 차이가 난다. 이게 어떤 의미인지 헷갈린다. 김 대리에게 다시 전화. "높은 청약 경쟁률은 1만 세대를 빼고 나온 결과라는 말이야. 요약하자면, 실제 본격적인 입주에 들어가면 그 세대만큼 더 많이 입주한다는 뜻이지."

현재 광풍처럼 몰아치는 분양 열기 이면의 숨겨진 열쇠가 바로 이 1만 세대다. 시장에 이 물량이 나오느냐 마느냐에 따라 시장 성패가 달라진다. 그 말은 다음과 같은 결론으로 수렴된다. '지금 무리해서 청약을 받기보다는 입주할 때를 기다리는 게 낫다. 그때 오히려 왕초보 씨가 원하는 아파트를 조금이라도 저렴한 가격에 살 수 있다.'

왕초보 씨 얼굴에 웃음이 번진다. 청약 실패로 조급했던 마음이 다소 진정된다. 부동산 시장에 대비할 수 있는 무기가 생긴 것 같다. 김 대리에게 소주나 사야겠다.

전문가 따라잡기

이영래(부동산서베이 대표)

분양권 투자는 소액으로 뛰어드는 대중적인 투자 상품이다.

우선 청약하는 절차가 간단하다. 청약 당첨 후 많은 금액이 필요하지 않
다. 투자가 간편하니 사람이 몰린다. 그리고 분양권 시장은 투자 심리에
의해 움직인다. 이 점을 각별히 유념해야 한다.

투자 대상은 크게 세 가지. 미분양 아파트 분양권과 새 아파트 분양권,
프리미엄이 형성된 아파트 분양권이 그것이다.

미분양 아파트 분양권부터 살펴보자.

미분양 아파트에 투자할 때 가장 중요한 건 미분양 원인이다. 일반적으
로는 주변 시세보다 높은 분양 가격 때문이다. 주변 인프라 부족도 미분
양률을 부추긴다. 입주 후에도 그런 환경이 개선되기 힘들다면 미분양
률은 더 높아진다. 택지지구 분양 아파트가 대개 그렇다. 부동산 시장이
위축돼 집값이 떨어지는 시기까지 겹치면 그야말로 미분양률은 최악의
상황.

미분양 아파트 분양권의 최대 장점은 초기 비용 절감이다. 주택건설사
들은 계약일 후 6개월 이상 미분양 상태가 지속된 아파트에 다양한 할
인 마케팅을 제공한다. 발코니 확장(3.3㎡당 평균 35만 원) 무료라든
지, 중도금 무이자라든지. 이 두 가지 혜택만으로도 비용이 꽤나 준다.

전용면적 85㎡의 경우 2천400만 원 안팎의 돈을 아낄 수 있다.

준공 후에도 미분양 상태라면 5년간 이자 선할인 등의 명목으로 분양가 할인이 이뤄지기도 한다. 그래서 준공된 미분양 아파트 중 할인 폭이 크고 옵션 제공 품목이 많은 아파트를 고르는 방법도 나쁘지 않다. 하지만 이렇게 할인해도 미분양 상태로 남는 아파트가 많다. 예를 들면 IMF 때나 금융위기 때 대부분의 미분양 아파트가 20~30%까지 할인됐지만 분양률은 제자리였다. 미래가 불투명한 상황에서 추가 투자를 꺼린 대중들의 심리가 작용해서다.

언제 미분양 아파트에 투자하는 게 좋을까. 바로 시장이 회복되기 시작하는 시점이다. 문제는 그 시기를 일반인들이 예측하기 어렵다는 점이다. 정부가 부동산 경기 부양책을 내놓을 때? 역시 그때가 시장 회복 시점인지 불분명하다. 시장은 종종 부양책에도 무반응이어서다. 해서 부동산 전문가들은 미분양 아파트가 있는 동네의 전세 가격에 주목한다. 인근 실수요자들이 찾기 시삭해야 미분양 아파트가 줄어들기 때문에 전세 가격 상승기가 시장 회복 시점이라는 얘기다.

미분양 아파트 투자 때 주의할 게 하나 더 있다. 미분양 해소가 생각보다 길어져 잔금을 치러야 하는 상황이다. 잔금 치고 전세 놓을지, 아니면 손해 보고 처분할지 결정해야 한다. 미분양 아파트를 매입할 때 미리 염두에 두고 투자하는 게 바람직하다.

아파트별 미분양 현황은 전국 광역자치단체 홈페이지 부동산 관련정보에서 확인 가능하다.

다음은 새 아파트 분양권 투자인 청약을 알아보자. 청약 방법과 지역별 예치금, 1순위 조건은 앞서 설명한 바 있다.

청약은 사실 운이 따라야 한다. 관심 받는 새 아파트는 경쟁률이 높다. 예상 프리미엄이 2천만~3천만 원가량이니 너도 나도 참여한다. 가점제 40%와 추첨제 60%로 당첨이 결정되는 현실에선 당첨이 쉽지 않다. 더구나 높은 프리미엄이 예상되는 아파트엔 '떴다방(이동식 중개업소)'들이 점프통장을 앞세워 대거 유입된다. 이 때문에 청약 가점이 70점 이상 되지 않으면 당첨은 별따기다.

2015년 전국의 분양 시장은 초호황이었다. 부산뿐만 아니라 대구 등지에서 청약 경쟁률이 100대 1을 넘는 아파트가 쏟아졌다. 특히 부산은 2015년 청약자 수가 120만 명에 달할 정도로 청약 열풍이 높았다. 하지만 가점제 적용 물량을 '떴다방'이 독식해 실수요자들의 허탈감만 컸을 뿐이다. 가점제 물량을 빼니 추첨제 물량은 100 대 1이 200 대 1로 경쟁률이 더 높아져 실수요자가 당첨될 확률은 더 낮아졌다. 그래서 주변에서 청약자는 많았지만 당첨자를 찾아보기가 어려웠다.

청약 당첨 요령은 별다른 게 없다. 계속 도전하는 게 유일한 길이다.

실수요자라면 특별 공급을 활용하는 게 가장 효과적이다. 특별 공급은 장애인 세대, 다자녀 세대, 노부모 부양 세대, 신혼부부 세대가 대상이다. 물론 무주택자여야 한다. 전체 분양 아파트 중 30% 이내에서 우선 공급하는 게 특별 공급이다. 청약 자격은 1세대 무주택 구성원 중 1인만 신청 가능하다. 부부가 동시에 청약했다가 중복 당첨되면 모두 취소된다. 특별 공급은 평생 한 번밖에 없는 기회다. 실제로 거주할 수 있는 아파트에 청약하는 게 좋다.

수요가 많고 내 집 마련 욕구가 높은 신혼부부 특별공급의 경우 혼인신고일이 모집공고일 기준으로 3년 이내면 1순위이고 5년 이내면 2순위가 적용된다. 그 기간 동안 자녀가 있거나 임신 중이어야 한다. 전년도 도시근로자 세대의 평균 소득 100% 이하가 적용되는지도 꼼꼼히 따져야 한다. 소득 입증은 세무서나 해당 직장에서 근로소득원천징수영수증이나 전년도 근로소득자용 소득금액증명서를 발급받으면 된다.

마지막으로 프리미엄이 형성된 아파트 분양권을 들여다보자.

분양권 투자법 중 리스크가 높은 아이템이다. 2014~2015년 부산 분양 시장은 사상 최대 청약 경쟁률을 기록했다. 당첨됐다고 하면 프리미엄이 5천만~1억 원대까지 형성됐다. 로또로 불렸다. 이렇게 높은 프리미엄에도 불구하고 분양권 거래량은 사상 최대였다. 향후 가격 상승 기대감이 지속돼서다.

프리미엄이 형성된 아파트 분양권은 초기 투자비용이 많이 든다. 전용면적 85㎡의 분양가가 3억 8천만 원이고 프리미엄이 5천만 원인 아파트를 가정하자. 우선 계약금 10%인 3천800만 원과 프리미엄 5천만 원, 중개수수료 100만 원이 든다. 여기에 중도금 납부 후 발코니 확장을 비롯한 옵션 비용이 추가로 발생한다. 분양권 초기 투자비용으로 9천만 원 가까운 돈이 필요한 셈이다. 1억 원대에 육박하는 비용 탓에 추후 전매가 간단하지 않다.

높은 프리미엄을 주고 분양권을 샀다 해도 집값이 지속적으로 상승하면 괜찮다. 부동산 시장 호황이 이어지면 추가적인 시세 차익도 노릴 만하다. 그러나 시장 안팎에 리스크가 발생하면 사정이 달라진다. 2015년 12월에 발표된 주택담보대출 강화 지침이 대표적이다. 대출 규제로 분양 시장이 잔뜩 움츠러들었다.

이처럼 부동산 시장은 호재와 달리 외부 악재를 그대로 흡수한다. 즉각적으로 시장이 반응한다는 말이다. 이런 상황에서 투자를 하려면 투자 대상 아파트에 대한 정확한 이해가 필요하다. 그래야 매도할지 매수할지 판단할 수 있다. 이때 핵심이 되는 게 새 아파트의 적정 가격이다.

새 아파트의 적정 가격은 정확하게 산정하기 곤란하다. 다만 비교 대상은 있다. 입지가 비슷한 주변 아파트 중 가장 시세가 높은 아파트다. 비교 아파트가 올해 입주했다고 해도 사정은 변함없다. 분양 후 입주까지는 2~3년이 걸린다. 따라서 올해 입주한 아파트는 이미 3년차에 접어들었다.

새 아파트는 비교 아파트를 기준으로 프리미엄이 형성된다. 비교 아파트와 분양 아파트 가격 차이가 3천만 원이라면 프리미엄도 3천만 원이라는 뜻이다. 향후 입주를 감안하면 10% 정도 추가 상승 가능하다. 그러나 이보다 높은 5천만 원의 프리미엄이 형성된 상태라면 유의해야 한다. 미래의 예측할 수 없는 시장 상황 발생 때 프리미엄이 하락할 수밖에 없어서다. 프리미엄이 하락했다면 실제 입주할 것인지 전매할 것인지 결정해야 한다.

분양 아파트는 분양 시기와 입주 시기가 아파트 규모별로 2~3년의 차이가 발생한다. 입주를 1년 정도 앞둔 상황에서 전매가 목적인 투자자는 처분하는 데 집중해야 한다. 매도 타이밍을 놓쳐 입주 시까지 보유하다 더 낮은 가격에 던지듯이 처분하는 일이 비일비재하다.

분양권을 매수할 때도 조심해야 한다.

안정적인 시세 차익을 위해서는 초기 분양권 투자가 중요하다. 분양 시장 열기가 1년 정도 계속됐다면 과열 시기라는 걸 숙지한다. 이때도 단기 시세 차익을 노린 투자가 이어지기는 한다. 하지만 분양 물량이 끊이

질 않고 공급돼 집값 하락 리스크가 현실화될 소지가 많다.

세금 또한 간과해선 안 될 사안이다.

예전엔 분양권 취득세를 입주 시점에 등기하는 최종 명의자가 분양 가격으로 취득세를 납부했다. 그러나 2015년 11월 9일 이후 등기하는 분양권은 행정자치부의 '분양권 프리미엄의 취득세 과세표준 적용지침'이 적용된다. 분양 가격에 프리미엄 가격이 포함돼 과세표준이 결정된다는 게 이 지침의 골자다. 취득세가 늘었다는 말이다. 물론 프리미엄이 마이너스인 경우엔 분양 가격으로 취득세가 부가된다.

매도 때는 양도 차액에 대한 양도소득세를 납부해야 한다. 양도 차액은 분양 금액과 확장 금액을 포함한 금액에서 중개수수료 등의 필요 경비를 제외한 금액이다. 여기에 1년 동안 부동산 거래가 없었다면 기본 공제 250만 원을 뺀 금액이 과세 표준이 된다.

과세 표준은 매도 시기에 따라 양도세율이 달라진다. 분양권 보유 기간이 1년 미만이라면 과세 표준에서 50%, 1년 이상 2년 미만이라면 40%를 납부해야 한다. 보유 기간이 2년 이상일 때 양도 차액이 1천 200만 원까지는 6%, 4천600만 원 이하 15%, 8천800만 원 이하 24%, 1억 5천만 원 이하 35%, 1억 5천만 원 초과 시 38%를 각 구간별로 계산해서 납부하는 방식이다.

분양권 거래는 음성적으로 이뤄지는 경우가 많다. 다운 계약서 작성을 통해 세금을 줄이려는 유혹도 상당하다. 다운계약서 작성 사실이 10년 이내에 확인되면 양도세 외에도 40%의 신고불성실 가산세와 연 10.95%의 납부 불성실 가산세가 추징된다.

분양권 투자는 쉬운 듯 보이지만 시장 상황에 가장 민감하게 작용한다.

높은 프리미엄을 지급하고 매수하기보다는 미분양 상태에서 향후 시장 따라 움직이는 아파트를 선택하는 게 가장 좋은 투자법이다.

재개발·재건축

〈2016년 2월 1일 부산일보 15면 보도〉

동부산+브랜드+재개발 주목…
올해 유망 단지

3월 이사철을 앞두고 부산 중견 건설사와 메이저 건설사가 본격적인 물량 공급을 예고한다. 그러나 부동산 시장이 가계대출 규제 강화와 공급과잉론으로 조정 국면에 돌입한 만큼 부동산업계는 지난해 같은 '묻지마 식 청약' 대신 '옥석 가린 청약'을 주문하고 있다.

31일 본보가 부산 부동산 분석 기관을 상대로 올해 주목할 만한 부산 분양 단지를 설문한 결과, 그간 부산 분양 시장을 이끌었던 동부산권 · 브랜드 · 재개발 재건축 아파트를 겨냥한 투자 전략을 강조했다.

(…)

재개발 재건축 단지의 인기는 올해도 여전할 것으로 내다봤다. 실제로 지난해 부산 청약 경쟁률 1~4위 단지인 '광안 더샵'과 '해운대 자이 2차', '대연 SK뷰 힐스', '연제 롯데캐슬데시앙'이 모두 재개발 재건축 아파트였다.

그러나 부동산업계는 입지와 생활 인프라가 우수해도 분양가를 감안한 신중한 투자를 경고했다. 주택담보대출 규제 강화와 미국 금리 인상 여파로 주택 구매 심리가 급격히 꺾여 고분양가 부담이 커서다.

O8

재개발·재건축 입문기

청약 시장을 노크했다 실패의 쓴맛을 본 왕초보 씨. 이번엔 재개발과 재건축에 도전한다. 얼마 전 한 식당에서 들은 말 때문이다. 계모임 하던 사모님들(?)의 수다였다. 대충 이런 말. "부산 금정구 장전동과 남구 대연동 재개발에 투자해 얼마를 벌었다, 동래구 온천동은 시공사가 결정됐고 비례율이 얼마가 될

것 같다, 수영구 남천동 재건축은 조합 설립 단계로 넘어갔다, 투자 적기지만 관리처분단계에서 변수가 많아 신중해야 한다.”

왕초보 씨는 내심 부러웠다. 알아들을 수 없는 용어를 마구 쏟아내는 사모님들의 지식에 탄복해서다.

공부에 돌입한 왕초보 씨. 조금 복잡하다. 다음은 왕초보 씨가 노트에 정리 요약한 글을 참고로 했다.

재개발과 재건축은 ‘도시 및 주거환경정비법’에 따른 정비사업이다. 법상 정비사업은 6종. 주택재개발사업과 주택재건축사업, 도시환경정비사업, 주거환경개선사업, 주거환경관리사업, 가로주택정비사업이 있다. 비슷해 보이지만 꼼꼼히 들여다보면 차이점이 드러난다.

주거환경관리사업은 철거와 이주를 전제로 한 다른 정비사업과 달리 기존 건물을 그대로 두면서 정비기반시설과 공공이용시설을 늘리는 사업이다. 2012년부터 도입된 방식이다. 서울에선 뉴타운으로 불리는 도심재정비촉진사업이나 재개발사업 추진이 어려운 지역의 출구전략으로 주목받고 있다.

도시 및 주거환경 정비법의 정비사업 방식

사업 명	사업 내용
주거환경개선사업	도시저소득주민이 집단으로 거주하는 지역으로서 정비기반시설이 **극히 열악**하고 노후 · 불량건축물이 과도하게 **밀집**한 지역에서 주거환경을 개선하기 위하여 시행하는 사업
주택재개발사업	정비기반시설이 **열악**하고 노후 · 불량건축물이 **밀집**한 지역에서 주거환경을 개선하기 위하여 시행하는 사업
주택재건축사업	정비기반시설이 **양호**하나 노후 · 불량건축물이 **밀집**한 지역에서 주거환경을 개선하기 위하여 시행하는 사업
주거환경관리사업	단독주택 및 다세대주택 등이 밀집한 지역에서 **정비기반시설과 공동이용시설의 확충**을 통하여 주거환경을 보전 · 정비 · 개량하기 위하여 시행하는 사업
가로주택정비사업	노후 · 불량건축물이 밀집한 가로구역에서 **종전의 가로를 유지**하면서 소규모로 주거환경을 개선하기 위하여 시행하는 사업
도시환경정비사업	**상업지역 · 공업지역** 등으로서 토지의 효율적 이용과 도심 또는 부도심 등 도시기능의 회복이나 상권활성화 등이 필요한 도시환경을 개선하기 위하여 시행하는 사업

가로주택정비사업 역시 새로 도입됐다. 대규모 철거에다 이해 관계자가 많은 탓에 추진 속도가 느린 재개발·재건축사업에 대한 개선책이다. 사면이 이면도로로 둘러싸인 소규모 구역에서 블록 단위로 개발한다. 면적이 1만㎡ 미만인 노후 불량 주거지에 최고 7층 높이 공동주택을 신축한다. 이 사업은 추진위원회 단계 없이 곧바로 조합을 만들 수 있다. 행정적·재정적 지원을 받아 사업 진행이 빠르다.

기가 질린 왕초보 씨. "그 고비를 넘겨야 결실을 거둬. 추진 절차와 투자 유의점을 별도로 알려 주지." 재개발·재건축 박사인 고지식 대리의 특별과외 약속을 받은 왕초보 씨는 그제야 마음이 놓인다.

O9

재개발·재건축
메커니즘

고지식 대리에게 왕초보 씨가 묻는다. "미리 이 것저것 공부해 대충 감을 잡았으니 어디에 투자하면 좋을지 가르쳐 주세요. 그리고 언제 팔고 언제 빠져나와야 할까요?"고 대리 인상이 갑자기 굳는다. "그냥 하지 마. 그렇게 급하게 달려들면 결국 고생할 게 뻔하거든." 재개발·재건축 메커니즘을 모르고 우물에서 숭늉 찾다간 큰코다친다는 조언과 함께.

고 대리의 정색에 놀란 왕초보 씨. "차근차근 기초부터 익히겠습니다." 빤히 왕초보 씨를 응시하던 고 대리가 그제야 웃는다. 우선 사업 추진 절차를 알아보잔다. 재개발과 재건축은 안전진단과 조합 구성원, 시공사 선정 시기에 약간의 차이가 있으니 재개발 위주로 들려준다.

1. 도시 및 주거환경 정비 기본계획 수립

부산시장은 이 계획을 10년 단위로 만든다. 5년마다 타당성을 검토해 기본 계획에 반영한다. 이 과정에서 공람과 시의회 의견을 청취한다. 정비예정구역으로 지정돼도 5년 뒤 여건이 바뀌면 기본계획도 달라진다. 정비예정구역이 해제될 수 있다는 얘기다. 실제로 부산시의 '2010 정비기본계획'에서 487곳에 달했던 정비예정구역은 '2020 정비기본계획'에서는 367곳으로 감소됐다.

2. 정비구역 지정

주민설명회와 공람, 시의회 의견 청취 등을 거쳐 정비구역을 지정 신청한다. 2000년대 중반까지는 무조건 지정받자는 분위기였다. 그러나 최근엔 이미 지정된 정비구역도 해제 요청하는 일이 잦다. 정비구역 내 건축 행위가 제한되고 사업 진행이 더디면 재산권 행사 제약과 함께 동네가 슬럼화돼서다.

3. 조합 설립 추진위원회 구성

토지 등 소유자 과반수의 동의를 얻어 추진위를 만든다. 이때부터 추진위 운영비가 든다. 원칙상 조합원이 부담해야 하지만 현실적으로 무리다. 해서 정비업체나 특정 시공사에서 자금 지원을 받는다.

4. 조합 설립 인가

토지 등 소유자 3/4 이상 및 토지 면적 50% 이상의 동의를 얻어 인가를 받는다. 문제가 여기서 발생한다. 대개 추진위 단계에서 투자하는 경우가 많은데, 추진위 단계에서의 과반수 동의와 조합 설립에서의 3/4 동의율엔 큰 차이가 있다. 조금이라도 조직적인 반대에 부딪히면 동의율을 채우지 못하기 때문이다. 결국 사업은 기약 없이 지연된다. 이렇다 보니 편법으로 동의율을 충족시키려다 법적 분쟁이 일어나기도 한다.

메모하던 왕초보 씨 머리가 어지럽다. 고 대리의 촌철살인. "세상에 공돈 없어. 오늘은 여기까지 하자."

10

재개발·재건축
추진절차

　　오늘은 왕초보 씨가 재개발·재건축 후반부 추진절차를 배우는 날이나. 우선 사업 진행 절차도를 만들었다. 도표를 보니 흐름이 일목요연하기는 하다.

　잠시 왕초보 씨의 비밀 노트를 보자. 도시 및 주거환경정비 기본계획수립 → 정비구역지정 → 조합설립추진위원회 구성 → 조합 설립인가. 여기까지가 지난번에 배운 내용이다. 오늘 알아볼 절차는 시공사 선정 → 사업시행인가 → 분양 신청 → 관리처분계획과 분양 → 청산이다.

5. 시공사 선정

이 과정은 매우 중요하다. 어떤 회사를 고르느냐가 사업 성패를 좌우한다. 시공사 입장에서도 사업성 갖춘 정비구역을 따느냐가 관건이다. 수주전은 치열하다. 법적으로는 조합이 설립된 후에 시공사 선정을 하도록 되어 있지만 현실은 추진위원회 단계에서부터 특정 시공사가 주도적으로 관여하는 게 대부분이다. 주의할 대목이 있다. 시공사의 경기 판단과 내부 사정으로 사업 지연이 허다하게 발생한다. 이러면 주도권이 시공사로 넘어간다. 조합 측이 대응하려 해도 마땅한 방법이 없다.

6. 사업 시행 인가

사업시행계획서를 작성해 사업 시행 인가를 받는다. 이 서류에는 건축물 배치 계획 등 토지이용계획과 주민 이주 대책, 세입자 주거 대책, 건축물 높이와 용적률 등 건축 계획, 정비기반시설과 공동이용시설의 설치 계획이 담겼다. 조합원 비례율이니 권리가액이 이 단계에서 나온다. 쉽게 말해, 조합원 토지나 건축물의 평가가 이뤄진다는 얘기다.

7. 분양 신청

사업시행자는 사업시행인가 고시가 있었던 날부터 60일 이내에 일간신문에 공고를 띄운다. 30일 이상 60일 이내(20일 이내 연장 가능)에 조합원 분양 신청을 받는다. 유의할 게 있다. 이 단계에서 거론되는 부담금 등 각종 금액은 개략적이라는 점이다.

8. 관리 처분 계획과 분양

사업시행자는 분양 신청 현황을 기초로 관리처분계획을 수립한다. 정비사업비 추산액과 그에 따른 조합원 부담 규모 등이 거의 확정된다. 물론 부담 규모가 나중에 바뀔 여지는 남았다. 다만 그 변경 폭이 크지 않아 불확실성이 상당히 사라진다는 말이다. 일반 분양 실패에 따른 변수는 여전히 존재한다. 일반 분양은 관리처분계획 이후에 이뤄진다.

9. 청산

사업 비용과 수입에 대한 최종 정산단계다. 조합원의 최종 추가 분담금이 결정된다. 조합과 시공사가 계약조건에 대한 해석 차이로 다툼이 벌어지기도 한다.

"프로세스를 알았으니 이제야 비로소 기초를 뗀 셈이야. 복잡하지만 다 약이 될 거야. 수고했어." 사부(?)로 모신 고지식 대리가 왕초보 씨 어깨를 토닥거린다. 휴~. 두 사람은 맥줏집으로 발걸음을 옮긴다.

재개발 진행 절차

세부절차	사업 진행 단계
· 주민공람(14일 이상) · 시의회 의견청취 · 시 도시계획위원회 심의	도시 및 주거환경정비 기본계획 수립
	↓
	정비계획 수립
	↓
· 시 도시계획위원회 심의	정비구역 지정
	↓
· 토지 등 소유자 과반수의 동의	조합설립추진위원회
	↓
· 토지 등 소유자 3/4 이상 동의 · 토지면적의 1/2 이상 동의	조합설립인가
	↓
· 시 건축위원회 심의 · 총회개최 – 조합원 과반수 동의	사업시행인가
	↓
	조합원 분양신청
	↓
· 총회개최 – 조합원 과반수 동의	관리처분계획인가
	↓
	착공
	↓
	일반분양
	↓
	준공 및 입주
	↓
	이전고시
	↓
	조합해산 및 청산

11
재개발·재건축과
투자구역 선정

왕초보 씨는 재개발·재건축을 열심히 공부했다. 그러나 여전히 막연하다. 사업 단계가 너무 많아서다. 대체 어느 단계에서 투자해야 할까? 시험 삼아 재개발 지역 몇 군데를 골라 조사해 본다. 이런, 사업단계가 제각각이다. 난감하다. 더구나 부산의 정비구역만 200여 곳이다. 이 중 어느 지역을 선택해야 하나. 초보인 왕초보 씨에겐 어려운 과제다.

별수 없이 다시 고 대리에게 자문을 받는다. "고 대리님, 이렇게나 숫자가 많은데 어디가 가장 좋을까요?" 잠시 당혹스러운 표정을 짓던 고 대리. 한참을 생각하더니 조언한다. "모든 재개발·재건축 사업장은 목표가 결국 분양이지. 아무리 부지가 좋고 조합원 단결이 잘돼 사업 진행이 빨리 될 거라 예상되더라도

부산시 정비구역 현황

2015년 6월 기준

구분	구역수	적용대상				
		소계	미추진	구역지정	조합설립	사업시행
합계	216	125	68	38	13	6
재개발, 도시환경	135	49	16	23	5	5
재건축	75	68	52	9	6	1
뉴타운	9	8	–	6	2	–

※ 적용 대상은 설계자나 시공자 미선정 125곳   출처: 부산시

분양하기에 적절하지 않은 시기와 겹치면 말짱 도루묵이야. 사업성이 떨어지기 때문이지." 해법이 궁금한 왕초보 씨. 투자 포인트를 어디다 둬야 할지 궁금하다. 고 대리의 답변이 이어진다. "지금처럼 시장이 호황일 때는 분양이 가능한 구역이 중요해. 사업시행인가를 얻은 데가 좋지. 최소한 시공사가 선정된 데를 알아 봐. 그러면 1~2년 내 분양도 가능하겠지."

왕초보 씨 기분이 날아갈 듯하다. 선택 범위를 좁혀서다. 그러나 기쁨도 잠깐. 부산에서 사업시행인가가 난 데가 10여 곳을 넘는단다. 투자처 압축에 들어간다. 주거 선호도가 높은 곳인지, 부산도시철도 역세권인지, 단지 규모가 1천 세대가 되는지를 기준으로 정리한다. 그러고 보니 주목할 만한 데가 5개 이내로 좁

혀졌다. 이제 시세를 파악한다. 전화기를 들었다.

현재 사업시행인가가 나서 관리처분을 앞둔 데의 프리미엄 호가가 권리가액에서 대개 7천만~1억 원 이상이다. 이 금액은 분양 후 형성될 프리미엄 가격을 포함한 수치다. 결정이 쉽지 않다. 다시 고민에 빠진 왕초보 씨. 이렇게 많은 금액을 투자하기에는 보유 자산도 부족하고 분양 후 프리미엄까지 붙은 상태라 선뜻 내키지 않는다.

고 대리를 다시 찾았다. "재개발·재건축 투자는 신중해야 해. 정비사업은 수백 명의 조합원이 동시에 진행하는 것이라서 반대 여론이 발생하거든. 그뿐인가, 행정적인 절차도 까다롭지. 자칫 분양 시기를 놓치게 되면 투자금이 잠겨 버릴 가능성이 높아. 혹시나 분양 시장 악화가 장기화된다면 5년 이상을 목 빼고 있어야 해. 절대로 무리하게 대출해서 투자하지 마. 저금리 시대라 해도 이자 부담이 커."

마음이 급했지만 정확한 판단을 내리기가 힘들다. 미련을 떨칠 수 없는 왕초보 씨. 나름대로 분석한 5개 구역을 더 자세히 살펴보기로 한다. 즉시 현장으로 달려간다.

12

재개발·재건축과
투자물건 선정

왕초보 씨는 현장에서 부딪쳐 보기로 했다. 둘러볼 데를 골랐다. 역세권에다 교육 환경 좋고 1천 세대 이상 아파트가 들어설 재개발 현장이었다.

주택 대부분이 낡았다. 골목길은 두 사람이 교행하기도 힘들다. 무엇부터 시작해야 할지 막막하다. 일단 눈에 띄는 공인중개사 사무소를 찾는다. "지금 나와 있는 매물이 있나요?" "두 종류가 있습니다. 사업시행인가가 난 구역 중 감정평가액이 나온 물건과 감정평가가 안 된 물건이죠."

첫 번째 물건은 관리처분계획을 앞둔 구역의 물건이었다. 매매 가격이 1억 5천만 원이란다. 감정평가액이 1억 원이고, 비례율이 110%가 예상돼 권리가액은 1억 1천만 원. 그리고 분양 신청 면적은 전용면적 60m^{2}였다. 조합원 예정 분양 가격이 3.3m^2 당 950만 원. 일반 분양 가격은 1천50만 원이 예상된다는 게 공인중개사의 판단이었다. "이 물건을 구입하려면 분양 가격이 2억 2천800만 원이어서 추가 부담금은 1억 1천800만 원입니다. 이주비는 7천만 원이 무이자로 지급되는 입주권이죠. 프리미엄은 5천만 원입니다."

무슨 소리인지 쉽게 이해되지 않는 왕초보 씨. 다시 한 번 물었다. 이주비가 지급되기 때문에 실질적으로 당장 필요한 자금은 프리미엄까지 8천만 원(매매 가격에서 이주비 뺀 금액)이면 된단다. 일반 분양 가격이 총 2억 5천200만 원 정도로 예상되는 반면 주변 시세는 2억 7천만 원 정도라서 이득이라는 말도 덧붙인다.

재개발이 진행 중인 온천2구역

두 번째 물건은 다른 구역 물건이었다. 게다가 감정평가 이전이다. 대지 66m²에 매매 가격이 3.3m²당 500만 원이어서 약 1억 원이다.

두 물건, 차이가 뭘까? 공인중개사의 답변이 계속된다. "첫 번째 물건은 감정평가가 이뤄져서 아무래도 분양이 빨리 될 소지가 크죠. 그만큼 프리미엄이 높을 겁니다. 두 번째 물건은 감정평가 이전이어서 사업 진행이 더딜 가능성이 높습니다. 그뿐 아니라 재개발에 반대하는 거주자도 무시 못 할 존재죠. 사업이 언제 완료될지 불투명하다는 뜻입니다. 리스크를 감수해야죠. 투자는 순전히 본인 몫이니 신중하게 판단하세요."

왕초보 씨는 첫 번째 물건이 마음에 들었다. 몇 가지 질문을 던졌지만 여전히 두 물건의 차이가 손에 잡히지 않는다. 용어가 어려워서다. 공인중개사 사무소를 나서자 재개발 후 세워질 아파트가 눈에 어렴풋이 펼쳐진다.

"고 대리에게 소개받은 재개발 전문가 구 박사를 찾아가 전문용어를 배워야 할 차례군. 갈 길이 머네."

13

감정평가와 세금

왕초보 씨는 재개발 전문가 구 박사를 찾았다.
"공인중개사에게 들은 두 물건을 어떻게 봐야 할까요?"

"재개발 사업장 투자 때는 구분해야 할 게 있죠. 감정평가 이전 물건부터 보죠. 이 물건은 일반 주택 매매와 같이 거래됩니다. 당연히 감정평가액을 예상할 줄 알아야 하죠. 그 금액이 토지가격에 해당됩니다. 사업성을 높이려면 이 비용을 최소화해야겠죠. 이미 정해진 토지 비용의 틀 안에서 입지에 따라 금액이 분배된다는 얘기입니다."

왕초보 씨 표정이 어리둥절하다. "일반 물건을 투자할 때는 반드시 재개발 조합 사무실에 문의를 하라는 뜻입니다. 예상 감정평가액과 매매가가 얼마나 차이가 나는지 확인하면 됩니다. 이게 핵심이죠." 구 박사의 조언이 이어진다. "주변 흐름에 들뜬 상태에서 재개발 사업장에 투자하면 생각보다 낮은 감정평가액이 나오게 되고 그러다 보면 재개발 반대 민원이 많아져 사업 추진이 예기치 않게 늦춰지죠. 자칫 시장 분위기를 놓쳐 재개발이 표류하기 십상입니다. 감정평가 이전의 물건은 이 점을 고려해야 합니다."

감정평가 이후 물건은 어떨까. 계속해서 구 박사의 말이다. "첫 번째 물건이 그런 사례입니다. 관리처분계획을 앞두고 있어 감정평가액이 확정되어 있죠. 요즘처럼 분양 시장이 호시절일 땐 눈여겨볼 만한 물건인 셈이죠. 그러나 높은 프리미엄이 독이 될 수도 있습니다. 이런 물건을 살 때는 입주할 것인지, 시세차익만 보고 매도할 것인지 정해야 합니다. 입주권과 분양권 개념을 구별하는 게 필요합니다."

왕초보 씨는 두 권리가 헷갈린다. "분양권은 조합원 물건을 제외한 일반 분양 세대를 말합니다. 흔히 아파트 청약에 당첨 때 가지는 권리라고 하죠. 반면 입주권은 기존에 살던 주민이 해당 아파트에 입주할 수 있는 권리를 얘기합니다. 간단히 조합원 물건이라고 해 두죠. 만약 실거주를 하고 싶다면 입주권이 좋죠. 하지만 추후 발생하는 추가분담금에 따라 손해 보는 일도 있으니 깊이 생각하세요."

구 박사는 세금 문제를 덧붙여 알려준다. "입주권은 대지를 매수하는 것입니다. 취득세율이 달라지죠. 일반 주택은 1.1%인데 반해 입주권은 4.6%가 적용됩니다. 이 3.5%의 차이가 중요합니다. 매도 때 분양권과 비교해 경쟁력이 낮아질 우려가 있습니다. 조합원 혜택이 취득세 차이만큼 크다면 실입주자에게는 부담이 낮을 수 있지만, 일반 투자자에게는 목돈도 들여야 하기 때문에 매도에 어려움이 있다는 말입니다."

왕초보 씨가 고개를 끄덕인다.

여기서 잠깐. 재개발 관련 주요 용어는 서울 성북구청 홈페이지(www.seongbuk.go.kr/newtown)에 일목요연하게 정리되어 있다.

14

도급제와 지분제 비교

가벼운 티타임을 가진 왕초보 씨와 구 박사. "재개발 투자 때 숙지해야 할 나머지 용어를 정리합시다." 구 박사는 감정평가한 후 등장하는 권리가액, 무상지분율, 비례율을 들려준다.

"권리가액을 알기 위해선 재개발 사업 전반을 이해하고 있어야 합니다. 권리가액을 알기 위해선 비례율 개념부터 짚고 넘어가야 하죠. 감정평가를 통해 종전 자산(사업 승인 이전의 재개발 현장 총자산)이 나오면 향후 비용(사업비)과 예상 분양가격(매출)이 도출됩니다. 이 비용과 예상 분양가격에 따라 정해지는 게 비례율입니다. 매출에서 사업비를 뺀 금액을 백 퍼센트 단위로 환산한 비율이죠. 그냥 개발 이익률이라고 보면 됩니다. 권리가액은 이 비례율을 종전 자산에 곱한 금액이죠."

유념해야 할 부분이 있단다. 분양가격에 대한 오해다. 사실 재개발 현장마다 분양가격은 대충 정해져 있다. 주변 시세가 기준이기 때문이다. 그런데 조합원들은 감정평가액이나 비례율이 낮아 제대로 보상 못 받았다고 여기기 십상이다. "감정평가액은 재개발 지역 땅값을 시세로 평가한 게 아니란 점입니다. 시세보다 대개 낮아요. 해서 주변 시세와 비교해 감정평가액이 야박하다고 생각하는 것이죠."

구 박사가 이제는 무상지분율을 설명한다. "금융위기 이전엔 재건축 현장에서 무상지분율이 이슈가 됐죠. 무상지분율은 보유한 주택 대지 지분을 기준으로 몇 평을 추가로 더 제공하느냐 입니다. 이를 지분제라고 하죠. 조합원에게 혜택이 많이 돌아가는 사업방식입니다. 혜택만큼 비용이 많이 들겠죠. 늘어난 비용을 상쇄하려면 분양가격을 올려야 합니다. 그런데 2007년에 문제가 발생했어요. 분양가 상한제가 등장합니다. 결국 건설사들이 재건축 현장을 기피하는 현상이 벌어졌죠."

그 무렵 금융위기가 터졌단다. 그리고 무상지분을 제공하던 지분제가 도급제로 바뀐다. 도급제는 권리가액으로 집값을 평가해 주는 방식이다. 무상지분이 없다는 뜻이다. 조합원 입장에선 개발 환경이 더 불리해진 셈. "예를 들어볼까요. 인천 가좌2주공 재건축 아파트는 16평의 매매가가 도급제 때는 1억 2천만 원인데 반해 지분제 땐 무상지분까지 포함해 1억 8천만 원이었습니

도급제와 지분제 비교

구분	도급제	지분제
개념	정비사업에 필요한 공사비를 계약시점기준으로 평가하고 공사금액을 책정하여 계약하는 방식	시공사 책임으로 모든 사업을 수행하고 계약 시 조합원의 무상 지분을 확정하여 계약하는 방식
부담 주체	시공사는 공사에 필요한 직접비용을 부담하고 조합은 공사에 필요한 간접비, 부대비용, 제세공과금 등 기타 모든 비용 책임	시공사는 사업에 필요한 모든 경비를 부담하고, 조합은 각 조합원에게 부과되는 제세공과금(취득세, 재산세 등)만 책임
공사비 조정	일정 비율 이상의 물가상승 및 설계변경이 필요할 경우 공사비 조정 요구 가능	사업 중 공사비 조정 원칙적으로 불가
조합원 지분	사업지연, 미분양 등 사업 변화에 따른 조합원 무상지분율 변동	초기 지분확정으로 사업의 변화에 따른 무상 지분 변동 없음(단, 최근에는 변동지분제를 많이 채택함에 따라 일정부분은 조합원이 부담하는 경우도 있음)
사업의 정산	이익, 손실 모두 조합으로 귀속	조합원 확정 지분 이외의 이익, 손실 모두 시공사로 귀속
주택 품질	공사 진행 중 시공사와 조합의 협의로 신자재 도입, 평면구조 등 트랜드 변화에 유동적으로 대처 가능해 품질 높음	초기 조합원의 지분 확정으로 신자재 도입, 설계 변경 등이 어려워 품질 저하 우려

다. 6천만 원이나 차이가 났죠."

　오랜 시간 재개발 · 재건축을 공부한 왕초보 씨. 속이 후련하다. 역시나 복잡했다. "분명한 건 재개발 · 재건축 투자는 분양 성공 가능성과 분양 가격과 분양 시기가 최종 결정을 하는 기준이라는 점입니다." 왕초보 씨가 구 박사에게 감사를 표한다. "조금 더 시간을 두고 투자할 물건을 골라야 할 것 같습니다. 그동안 고마웠습니다."

15

재개발·재건축
투자 유의점

"왕초보 씨, 재개발·재건축 용어 정리는 끝났어?" "구 박사님에게 잘 배웠죠, 고 대리님. 그런데 솔직히 갈수록 더 어렵네요. 열공하면 될 줄 알았는데…" "차차 경험이 쌓이다 보면 이거다 싶은 판단이 설 거야." 심각한 왕초보 씨 얼굴을 뚫어지게 바라보던 고 대리가 질문을 던진다. "그나저나 가장 중요한 게 뭐라고 생각해?"

현장 둘러보기? 개발 이익률 분석? 주변 시세 판단? 간과해선 곤란한 항목들이긴 하다. 그런데 막상 대답하려니 모호하다. 자신 없어 하는 왕초보 씨의 마음을 읽은 고 대리가 해답을 바로 들려준다. "시장 상황이야. 투자는 결국 시간 싸움이거든. 시공사 입장에선 분양하기 힘들다고 판단하면 적극적으로 달려들지 않아. 이러다 보면 조합원 간 잡음이 불거지고 사업이 답보 상태에 빠져버리지." 이 때문에 정부나 지자체의 정책 방향을 유심히 지켜봐야 한단다. 규제 완화를 통해 부동산 활성화 정책을 펴는지, 규제 강화로 시장을 억제하는지. "지나치게 시장이 좋으면 투기과열지구 지정으로 역풍을 맞을 수도 있어. 정책 당국의 성향이 중요해!"

9 · 1부동산대책(2014년)

출처: 국토교통부

고 대리가 세 가지 팁을 주겠단다. "내가 직접 투자하며 느꼈던 팁이야. 그동안 배운 이론과 잘 접목해 봐. 앞으로 도움이 될 거야."

팁 1. 조합원 분담금 증가에 유의한다. 여러 요인이 있겠지만 분담금 증가의 대표적인 변수가 주변 종교시설과 학교다. 교육청과의 협의가 필요한 데다 조합원이 아닌 학부모의 반대와 학습 환경 개선 민원이 이어져서다. 자연히 사업은 지연되고 사업

비는 증가한다. 서울 강남의 모 아파트 단지가 한 예다. 조합 설립단계에서는 전용면적 50m² 아파트를 소유한 조합원이 전용면적 84m² 재건축 아파트를 선택할 경우 2천500만 원의 추가분담금이 요구됐다. 물론 추정치였다. 그러나 실제 조합원 분양 단계에서는 1억 3천100만 원으로 대폭 늘었다. 주변 민원과 지자체 방침에 따라 각종 부담금과 기부채납 비율이 늘어서였다. 이렇듯 추가분담금은 바뀔 수 있다.

팁 2. 2개 단지 이상의 아파트가 통합해 추진하는 재건축 투자는 더 신중하게 판단해야 한다. 의견 대립으로 더디게 진행될 소지가 커서다.

팁 3. 상권이 잘 형성돼 영업이 잘되는 상가가 많은 경우에도 사업성이 악화될 수 있다. 사업 지연과 보상비 과다 때문이다. 이런 사례는 꽤 된다.

"재개발·재건축 공부 마무리 기념으로 2015년 현재의 부동산 시장 분위기를 보너스로 설명해 줄게. 현 정부는 분양가 상한제를 폐지했어. 또한 지자체에서 요구하는 각종 기부채납의 재량 범위를 줄이는 방향으로 정책을 추진 중이야. 따라서 사업성이 좋아질 가능성이 커. 그렇다 해도 투자는 조심해야겠지." 왕초보 씨는 고 대리가 태산같이 커 보인다.

전문가 따라잡기

서성수(영산대 부동산자산관리전공 교수)

우리나라 부동산 시장에서 가장 각광받는 부동산을 꼽으라면? 대개 재개발·재건축 시장을 거론한다. 그러나 인기가 많은 만큼 탈도 많은 종목이다. 부동산 시장의 부침에 제일 먼저 반응한다. 버블 논쟁 때도 최선봉에 나선다. 어디 그뿐인가. 정부가 부동산 경기 부양책이나 규제책을 만지작거릴 때도 첫 번째로 도마 위에 오르는 게 이 종목이다.

부동산 투자자들의 관심도가 높은 만큼 투기 광풍이 불기도 한다. 해서 유의점도 많다. 관계 법령과 정부 정책을 늘 체크해야 한다. 현장에서 발품을 팔아 정보 수집하는 일도 게을리할 수 없다.

1. 정부의 눈치를 살펴라

정부는 부동산 시장에서 항상 두 마리 토끼를 잡으려 동분서주한다. 부동산 경기 유지와 주거 안정이 그것이다. 이때 정부의 타깃 대상이 되는 게 주로 재개발·재건축 시장이다. 경기가 지나치게 과열되면 재개발·재건축부터 규제가 들어간다. 경기를 부양하고 싶으면 재개발·재건축부터 풀어준다.

정부가 보내는 신호를 예의주시해야 한다. 신호 무시하고 과속하면? 가끔 돌이킬 수 없는 대형사고로 이어진다. 신호 못 읽고 좌고우면하면? 모처럼의 기회가 물거품 된다.

박근혜정부 들어 재개발·재건축 시장은 지속적인 규제 완화가 이뤄졌다. 동원할 수 있는 모든 방법을 끌어들여 지원에 올인했다는 표현이 적합할 정도다.

2014년 9월 국토교통부는 재건축 가능 연한을 40년에서 30년으로 단축한다. 1980년대 후반~1990년대 초반 건설된 아파트들이 조기 재건축할 길이 열린 셈. 기존 규정대로라면 빨라야 2020년에 가능했다. 정부 방침 변화의 효력은 당장 발휘됐다. 실제 사례를 한번 보자. 부산의 대표적인 주거 선호지에 위치한 D 아파트의 전용면적 84㎡ 1~10층 구간의 실거래가는 국토교통부의 발표 전후가 확연한 차이를 보였다. 발표 전 최저 4억 1천800만 원에 거래됐던 게 발표 후 상승세를 탔다. 2015년 2분기 4억 9천300만 원, 3분기 5억 5천만 원으로 껑충 뛰었다. 물론 2015년엔 부산 부동산 시장이 호황이라 대부분의 아파트가 오르긴 했다. 그러나 D 아파트만큼의 상승 폭은 아니었다. 한국감정원과 국민은행 시세 자료를 보면 이 무렵 일반 아파트 평균 상승률은 4~5% 수준인데 반해, 재건축 연한 단축 수혜 아파트 상승률은 10~30%였다.

한국감정원에서 제공하는 D 아파트의 최근 3년간 매매 시세 추이 그래프를 보면 그 같은 현상을 뚜렷이 목격할 수 있다. 그래프 윗부분에 있는 선은 로열층 등 상위가격 흐름이고 아랫부분에 있는 선은 하위가격 흐름이다. 2009년 이후 급격히 오르다가 2012~2013년 조정기를 거

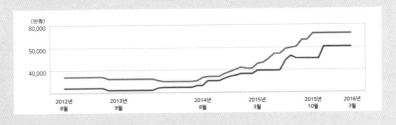

치던 D 아파트 시세는 2014년 중반부터 재상승한다. 바로 정부의 재건축 규제 완화 정책이 발표된 때다.

당시 정부는 단지 연한만 단축한 게 아니라 재건축 사업의 걸림돌로 여겨지는 제도 대부분을 시장 친화적으로 개정했다.

대표적인 규정이 안전진단이다. 재건축의 경우 재건축 가능 연한이 도래해도 구조 안전에 문제가 없으면 재건축을 할 수 없는 경우가 발생한다. 정부가 엄격하게 잣대를 적용해서다. 투기 바람을 제어하려는 취지다. 결국 안전진단이라는 벽을 통과하지 못해 사업 추진이 지연된다. 더구나 1970년대나 1980년대에 지은 아파트와 달리 1990년대 이후에 지은 아파트는 상대적으로 튼튼하다. 부실시공 아파트가 아니라면 구조안전진단에서 D·E등급을 받는 게 그리 쉽지 않다. 아무리 30년 이상이 경과해도 튼튼하게 지은 죄(?)로 재건축이 이루어질 주 없는 환경이라는 얘기다. 재건축할 적정 시기를 놓치면 집값 하락이 이어진다. 최종적으로는 슬럼화의 길을 밟게 된다. 이에 정부는 이런 현실적인 문제를 고려해 재건축 가능 연한이 도래한 아파트에 재건축을 추진할 길을 열어줬다.

연한 단축과 안전진단에 대한 규정 변화는 파급 효과가 크다. 입지가 좋아 사업성이 양호한 재건축 가능 아파트의 가격 상승을 이끈 기폭제로 작용했다. 변화된 국토교통부의 안전진단 평가 항목을 구체적으로 살펴보면 이렇다. 종전의 구조안전평가 위주의 안전진단을 구조안전평가와 주거환경중심평가로 구분해 적용한다. 주거환경 중심 안전진단 평가항목은 다음 표와 같다.

주거환경 중심평가 가중치 조정

현행 평가부문별 가중치	주거환경중심 안전진단 가중치 조정
• **구조안전성 : 0.40** • 건축마감 및 설비노후도 : 0.30 • **주거환경 : 0.15** • 비용분석 : 0.15	• **구조안전성 : 0.20** • 건축마감 및 설비노후도 : 0.30 • **주거환경 : 0.40** • 비용분석 : 0.10

주거환경부문 세부 평가항목별 가중치 비고

현 행	개 선
• 도시미관 : 0.25 • 소방활동의 용이성 : 0.25 • 침수피해 가능성 : 0.10 • 세대당 주차대수 : 0.25 • 일조환경 : 0.15	• 도시미관 : 0.075 • 소방활동의 용이성 : 0.175 • 침수피해 가능성 : 0.15 • 세대당 주차대수 : 0.20 • 일조환경 : 0.10 • **(신규) 사생활 침해 : 0.10** • **(신규) 에너지 효율성 : 0.10** • **(신규) 노약자와 어린이 생활환경 : 0.05** • **(신규) 실내생활공간의 적정성 : 0.05**

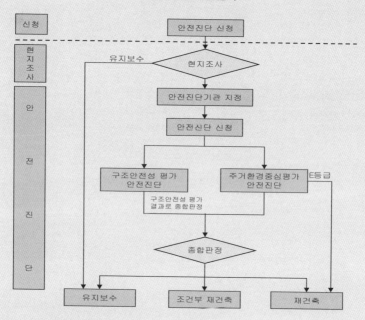

재건축안전진단절차

신청

안전진단 신청

현지조사

유지보수 ← 현지조사

안전진단기관 지정

안전신단 신청

안전진단

구조안전성 평가 안전진단

주거환경중심평가 안전진단

E등급

구조안전성 평가 결과로 종합판정

종합판정

유지보수 | 조건부 재건축 | 재건축

출처: 국토교통부 보도자료

재개발 사업에도 큰 변화가 있었다. 임대아파트 의무건설 비율을 축소함과 동시에 정부가 인수하는 과정에서 건축비만 보상했던 것을 대지가격도 일정 부분 보상함으로써 사업성을 높였다. 기부채납 규정 또한 대폭 완화할 뜻을 밝혔다. 기부채납은 사업 시행자가 해당 토지나 건물을 무상으로 공공에 기부하는 것이다. 대부분 용적률과 연동돼 움직인다.

전문 투자자들은 이러한 제도 변화에 매우 민감하게 반응한다. 정책 변화가 무얼 의미하는지 충분히 알고 있어서. 얼마 후 일반 실수요자도 이를 알아채기 시작하면 시장은 후끈 달아오른다. 이 과정에서 초기에 들어갔던 전문 투자자들은 뒤늦게 합류한 초보 투자자나 실수요자에게 프리미엄을 받고 빠져나간다. 그리고 남은 건 사업진행속도와 부동산 경기에 따른 일반 분양가 책정이 핵심이 된다.

2. 사공이 많으면 배가 산으로 간다

재개발·재건축 시장은 나 혼자 잘났다고 술술 풀리는 종목이 아니다. 독불장군식 투자로는 쓴맛 보기 쉽다. 재개발·재건축은 기존 주택을 허물고, 다시 짓는 작업이다. 그 땅에 거주하는 원주민들의 동의가 선행 조건인데, 동의 받는 게 난제다. 온갖 이해관계가 얽히고설켜서다. 각종 모임을 떠올려 보자. 처음엔 필요에 의해 모임이 생긴다. 구성원들의 의욕도 넘쳐 분위기가 괜찮다. 하지만 서서히 균열이 일어난다. 결속력도 느슨해진다. 잡음도 잦다. 결국 집행부에 대한 불만이 터져 나오고 교체론이 제기된다. 탈퇴 인원도 속출한다. 이럴 때 외부에서 그 모임을 조금 흔들어주면 붕괴 속도는 더 빨리 진행된다. 재개발·재건축 사업 주체인 조합도 본질적으로 다르지 않다. 조합원 간 갈등이 첨예한 사업장에 새로운 구성원으로 참여할 때는 심사숙고해야 한다.

3. 맞선에서 중매해주는 사람의 말만 믿다보면 탈이 난다

재개발·재건축 투자는 미래를 보고 선택하는 일이다. 선택의 책임은 투자자다. 공인중개사 말만 믿고, 조합 관계자 홍보 문구에 의존해 판단하는 건 금물이다. 반드시 직접 현장에 나가서 다양한 루트로 꼼꼼히 조사해야 한다. 배우자 고르기와 같다. 첫눈에 반했어도 주변 사람의 객관적인 말도 귀담아 듣고 다시 생각해 봐야 한다. 첫눈에 별로라도 최소 세

번은 만나 준다는 자세도 필요하다. 너무 튕기다 보면(?) 결혼을 못하는 수도 있다.

인물과 재력, 직업, 품성을 모두 갖춘 배우자는 현실에 존재하지 않는다. 재개발·재건축 현장도 그렇다. 판·검사를 고르는 게 아니라 잠재력을 지닌 고시생을 발굴하는 것이다. 몇 년이 걸릴지, 혹은 끝내 안 될지 모른다. 재개발·재건축은 정비구역 지정 이전부터 관리처분계획 인가 이후까지 수많은 단계가 존재한다. 진가를 일찍 알아볼수록 수익률이 높지만 변수 역시 다양해 기대치와 달리 최악의 길로 빠질 수도 있다.

정비구역 지정단계에서 투자할 경우 사업성이 부족하거나 주민 간 불화로 사업이 하릴없이 지연될 소지도 존재한다. 자칫 정비구역 해제와 관련해 매몰비용을 걱정할 처지에 놓이기도 한다.

이 같은 리스크를 피하려면? 발품을 팔아야 한다. 적어도 재개발 현장 내 부동산중개사무소 2곳 이상을 둘러본다. 재개발 현장 밖에 있는 재개발 전문 부동산중개사무소도 찾는다. 조합이나 조합설립추진위 관계자, 정비구역 내 주민과도 대화를 나눠본다. 재개발 진행 상황과 사업성, 관련 정보를 입수하는 최소한의 방편들이다.

• 용어 설명

기부채납: 국가나 지자체가 무상으로 사유재산을 받아들이는 것으로 재개발·재건축 시행 시 공공도로 확보나 공개공지 확보를 위해 많이 요구된다.

용적률: 대지 내 건축물의 건축 바닥면적을 모두 합친 면적(연면적)의 대지

면적에 대한 비율이다. 지하층이나 지상 주차용 용도의 부속건물 등은 용적률 산정에서 제외된다.

용도지역: 건축물의 용도·건폐율·용적률·높이 등을 제한함으로써 토지를 효율적으로 이용하고 공공복리의 증진을 도모하기 위해 서로 중복되지 않게 도시관리계획으로 결정하는 지역이다. 용도지역에 따라 토지의 이용 가치가 달라진다. 부동산 투자에 있어서는 매우 중요한 의미를 지닌다.

건폐율: 1층의 건축 바닥면적을 대지면적으로 나눈 비율이다.

재개발 사업 각종 부담금: 공익사업 경비를 그 사업에 이해관계를 가진 사람에게 부담시키는 공법상의 의무를 말한다.

매몰비용: 함몰비용이라고도 한다. 이미 실행한 이후에 발생하는 비용 중 회수할 수 없는 비용이다. 재개발과 관련해서는 정비구역 지정 이후 조합설립추진위 단계부터 조합 결성과 운영 과정에서 발생하는 비용을 의미한다. 재개발이 원활하게 진행되면 사업비로 계상돼 문제가 없다. 그러나 사업 무산 때는 조합이 갹출해야 한다.

지역주택조합

- 새로운 세계, 지역주택조합
- 격이 다른 모델하우스
- 사업 절차와 투자 유의점
- 지역주택조합 현장에서

〈2015년 10월 8일 부산일보 3면 보도〉

"허위 광고하면 인가 불허" …
부산시, 부실 주택조합과의 전쟁

부산 분양 열기를 타고 우후죽순으로 난립하는 지역주택조합 사업에 제동이 걸린다.

무분별한 지역주택조합 투자 피해가 우려되면서 부산시가 인가 불허라는 초강수까지 동원한 관리방안을 마련했기 때문이다.

부산시는 7일 "지역주택조합사업 폐지를 국토교통부에 건의한 데 이어 지역주택조합에 대한 업무지침을 강화한 관리방안을 시행한다"고 밝혔다.

우선 조합원을 모집하기 전 '사전신고제도'를 도입한다. 조합 설립 과정의 법률 위반이나 허위광고를 막겠다는 취지다.

부산시가 정한 조합규약 동의서 표준양식도 의무화한다. 표준양식엔 지역주택조합 사업의 위험성을 알리는 문구를 삽입해 일반투자자가 이해하기 쉽도록 설명했다.

또한 홍보관과 조합원 모집 장소를 부산시가 제공하는 대형 안내문에 게시토록 하고 조합인이 신청 때 조합원 개개인이 필수 정보를 충분히 인지했는지를 확인받도록 했다.

부산시는 이와 함께 16개 구·군에 시민 유의사항 유인물을 제작해 배포하고 있다. '지역주택조합 이것만은 아셔야 합니다'는 제목의 유인물엔 조합 설립 과정상 복잡한 이해 관계와 회계처리 불투명 우려, 이중 분양 피해에 대한 견제장치 미흡 등이 상세히 적혔다.

⟨2015년 2월 27일 부산일보 31면 사설⟩

보완책 마련이 시급한
지역주택조합제도

부산에서 지역주택조합 사업 '광풍'이 급기야 죽음까지 불렀다. 해운대 노른자위 땅에 1천 세대 규모의 아파트 건립을 추진하던 지역주택조합 추진위원장이 유서를 남기고 숨진 것이다.

(…)

지역주택조합 사업은 재개발·재건축보다 절차가 간단해 부산에서만 30여 곳에 이르는 등 최근 주택 시장에서 우후죽순격으로 늘고 있다. 그러나 문제점이 한두 가지가 아니다. 지주 80% 이상의 토지 사용 동의서를 받았다는 '거짓 뻥튀기'로 조합원을 모집하거나, 몇 동 몇 호를 분양해 주겠다는 허위 계약서를 작성하는 경우도 빈번하다는 것이다. 추진위 단계에서 임의로 조합원들에게 수십억~수백억 원의 업무대행비를 걷어 이를 불투명하게 집행하는 등 문제점투성이다.

이런 문제점에도 불구하고 현재로서는 정식 조합 설립 전까지 법적 제어 장치가 전혀 없다.

16

새로운 세계,
지역주택조합

왕초보 씨가 신문을 보던 순서는 이랬다. 류현진이나 이대호 선수의 소식이 궁금해 맨 먼저 스포츠면에 눈을 뒀다. 이어 연예면, 사회면, 정치면 순이었다. 그랬던 패턴이 요즘 바뀌었다. 재테크 멘토인 고 대리 조언 때문이다. "무지하면 겁이 없고 뒷일을 감당 못하지. 투자하면서 신문 경제면 안 본다는 게 딱 그 꼴이야." 그 후로 왕초보 씨는 무조건 경제면부터 챙긴다.

오늘 날짜 부동산 기사에 눈길 끄는 제목이 보인다. '지역주택조합 인기몰이!' 뭘까? 주택재개발조합도 아니고, 주택재건축조합도 아니고…. 인기몰이라니 호기심이 생긴다. 일단 기사를 찬찬히 읽는다. 제법 구미가 당긴다. 고 대리에게 전화하려다 마음을 돌려먹는다. 기본적인 내용부터 스스로 알아보자. 그래야 자생력이 생기겠지. 그래도 모르는 게 나오면 물어봐야지. 일주일 동안 서점에 들러 책 사고 인터넷에서 과거 신문기사를 훑어본다. 그렇게 파악한 지역주택조합은 대충 이런 개념이었다.

지역주택조합 사업은 분양을 위한 마케팅 비용이 적게 발생한다. 건설사가 개발해 분양하는 주택에 비해 분양가가 저렴하다. 무주택자인 왕초보 씨 입장에선 시세보다 상당히 싸게 내 집을 마련할 수 있는 방법이다. 마음이 바빠진다.

하지만 이 사업엔 큰 위험요소가 상존한단다. 사업시행자인 조합의 운영 비리나 토지매입 지연 등의 우려 때문이다. 따라서 조합원 신청에 신중을 기해야 한단다. 마음에 걸리는 대목이다. 게다가 지역주택조합 관련 분쟁은 매우 복잡하게 전개된다니. 심란하다. 별수 없이 고 대리에게 연락한다.

주택개발 방식 비교

구분	지역주택조합	주택재건축	주택재개발
적용법규	주택법	도시 및 주거환경 정비법	도시 및 주거환경 정비법
사업주체	조합(해당 지역에서 모집)	조합(토지 및 건물 소유자)	조합(토지 또는 건물 소유자, 지상권자)
사업지역	단독주택, 연립, 나대지 등 혼재 지역, 재개발 구역 해제 지역	아파트 위주(단독주택도 가능)	• 단독주택 위주 • 정비기반시설 열악 지역
조합원 자격	일정요건 필요 1. 무주택자(단 85m² 이하 1주택 허용) 2. 6개월 이상 해당 지역 거주자 3. 20세 이상 세대주	토지 및 건물 소유자	토지 또는 건물 소유자, 지상권자
임대주택	해당사항 없음	지자체마다 상이	지자체마다 상이
비동의자 토지매수 청구	95% 이상의 토지 확보	전체 구분소유자의 3/4 이상 및 토지면적의 3/4 이상 동의와 각 동별 구분소유자 과반수 이상 동시 충족	토지 등 소유자의 3/4 이상 및 토지면적의 1/2 이상
사업추진 기간	4~5년 (정상추진 시)	8~10년 (정상추진 시)	8~10년 (정상추진 시)
장/단점	• 개발 절차 비교적 단순 • 빠른기간 소요 • 조합원 공급가 저렴 • 진행과정에서 법적 보호 미비	• 개발절차 복잡 • 기존 아파트가 중층 이상일 경우 사업성 낮음 • 수직 증축 리모델링과 사업성 비교 필요 • 세입자 보호 안 됨	• 개발절차 복잡 • 상대적으로 임대주택, 기부채납 부담이 높아 사업성 저하 우려 • 세입자 보호 • 주택 유형, 지목, 소유관계가 복잡해 분쟁 가능성 높음

"고 대리님, 이번 주 시간 좀 내주시죠." 전후 사정을 얘기한다. "지역주택조합이라…." 고 대리가 말꼬리를 흐린다. 그리고 수화기 너머로 무거운 침묵. 괜히 전화했나? 고 대리가 짧게 한마디 한다. "우리 집 근처로 와라." 평소와는 다른 착잡한 어투다. 약간 당황한 왕초보 씨. 부리나케 운전대를 잡았다. 고 대리 집으로 달려가며 드는 생각. "고 대리님이 지역주택조합에 대해서 상당히 잘 알고, 꼭 해 주고 싶은 정보가 있는 모양인데…, 그게 과연 뭘까?"

17

격이 다른 모델하우스

"재테크 공부에 탄력 붙었나 보네?" 고 대리가
묻는다. "우연히 지역주택조합을 알게 되어서요." "지역주택조합
은 좋은 제도지. 문제는 좋은 씨앗이라도 관리가 안 되면 꽃을
못 피운다는 점이야. 사실 동생 부부네 지역주택조합을 도와주
다 나도 지금 머리가 아파. 모든 투자의 기본이지만 잘 알고 접
근해야 돼." 고 대리가 직접 경험한 지역주택조합 유의점을 들려
준다.

우선 지역주택조합 분양 절차와 견본주택 개념을 파악해야한다.

일반 분양 아파트는 견본주택을 짓고 분양한다. 사업계획승인후 분양하기 때문에 큰 피해를 볼 가능성이 거의 없다. 설령 중간에 시공사가 부도나도 주택도시보증공사의 보증이 있어 입주연기 정도의 피해에 그친다. 회복할 수 없을 만큼 치명적인 피해는 아니다.

지역주택조합의 견본주택은 다르다. 분양 절차를 밟는다기보다 조합원 모집용이 대부분이다. 지역주택조합은 조합원 수가 사업계획 세대 수의 50%를 넘고 사업예정부지 토지사용승낙서가 80% 이상 확보돼야 조합 설립 인가를 받는다. 이 조건에 미달하면 조합 설립이 무산된다. 조합 설립 인가 후에야 행정당국의 감독과 보호가 이뤄지므로 그 전까지는 법적 제재나 보호 근거가 없다. 만약 입지가 좋지 않다면 추가 조합원 모집에 실패할수 있다. 입지가 좋아도 이해 관계자 대립으로 조합 설립 추진위원회가 2~3개로 난립할 여지가 있다.

재개발·재건축도 기존 조합과 반대 조직인 비상대책위원회가 세력 다툼을 한다. 사업이 지연되는 변수가 발생한다. 지역주택조합은 그 수준을 넘어선다. 사업 자체가 아예 무산될 수 있다. 게다가 시공사와 무관하게 모든 부담을 조합원이 다 진다. 조합원 모집에 성공하더라도 추가 금융비용은 고스란히 조합원몫이다.

사업예정부지도 잘 살펴야 한다. 땅이 일반주거 2종 이상이면 상관없다. 그런데 자연녹지가 포함돼 있으면 일반주거 3종 이상으로 용도변경 하는 데 어려움을 겪을 소지가 크다. 도로 기부채납과 관련해 행정당국과 협의가 여의치 않으면 사업 지연은 불가피하다. 협의 중에 조합원 모집 때 나온 설계와 사업 수지가 완전히 바뀔 수도 있다.

초기 투자자금 또한 많이 든다. 조합원이 십시일반 돈을 모아 사업을 벌여서다. 사업에 불참하는 지주가 많거나 국공유지가 많으면 비용은 더 늘어난다. 조합 운영 추진비는 보통 세대당 1천만 원에 육박한다.

왕초보 씨가 멍한 표정을 짓는다. "자리 옮길까. 맥주나 한잔하며 조금 더 알아보자."

18

사업 절차와 투자 유의점

"계속해 볼까. 어떤 투자든 절차를 정확히 이해해야 장·단점이 눈에 들어오는 법이야. 추진 절차를 정리하며 유의점을 살펴보는 게 좋지."

고 대리가 알려준 사업 절차는 이렇다. 추진위 구성 → 조합원 모집과 조합설립인가(조합원 50%·토지 80% 이상 확보) → 교통영향평가·건축 심의·사업승인(토지 95% 이상 확보) → 관리처분인가 → 이주와 철거 → 일반분양 → 착공/준공 → 청산·해산. "문제는 단계마다 사업 지연으로 조합원 추가 분담금을 증가시키거나, 아예 사업 자체를 무산시키는 변수가 도사리고 있다는 점이지." 고 대리의 조언이 이어진다.

"우선 시공사 선정 과정에서 예기치 못한 문제가 발생할 수 있어." 대개 추진위 단계에서는 시공사와의 협약서가 법적 구속력이 없는 경우가 태반이다. 양해각서 수준. 설사 대형 건설사가 시공한다 광고하더라도 따져야 한다. 모든 조건 충족 때 시공한다는 식의 단서가 붙었을 가능성이 크다. 만약 법적 구속력을 갖춘 협약서라면? 이때도 공사비가 확정 났는지 확인해야 한다. 추후 추가분담금으로 속병을 앓을 여지가 있다. 조합원으로 참여할 때는 반드시 협약서를 직접 살펴보고 법적 효력을 전문가에게 문의하는 게 바람직하다.

"사업승인 과정에서 발생하는 비용 증가와 세대 수 감소로 인한 사업 수지 악화도 골치지." 설계 평면이나 단지 배치도가 사업승인 과정에서 바뀔 수 있어서다. 여기에 주변 민원으로 사업승인이 지연될 우려도 상존한다.

"무엇보다 중요한 게 토지 확보 여부야." 조합을 설립할 때는 80% 이상의 토지사용승낙서만 확보해도 된다. 사업승인 때는 95% 이상을 확보해 소유권을 조합 명의로 이전해야 한다. 그러나 지역주택조합 추진 과정에서 주민 간 알력이 일어나면 토지 확보가 쉽지 않다. 때로는 사업지 내에 광범위하게 진행된 알박기로 생고생할 수도 있다. 이럴 땐 사업이 수포가 되거나 토지 확보용 추가 비용 등 사업 수지에 악영향을 미친다.

"전매 제도도 알고 있어야 해." 재개발 조합원 소유의 분양권은 전매가 허용된다. 반면 지역주택조합은 소유권 이전 등기 때까지 전매가 금지된다. 이 때문에 간혹 조합 추진위 단계에 투자했다 조합 설립 직전에 토지 소유권을 매도해 차익을 실현하고 빠져나오는 사람이 많다.

휴~. 지역주택조합도 재개발 못지않게 어렵다. 다음 주부터 현장을 찾기로 했다. '실제로 부딪치면서 몸으로 익히자.' 몸 안 놀리는 초보는 영원히 초보로 남을 뿐이라던 고 대리 말을 가슴에 새긴다.

19

지역주택조합 현장에서

　　아파트 청약에서 재개발 투자까지 힘차게 달려온 왕초보 씨. 아직 성과가 없다. 고 대리에게 지역주택조합을 배웠지만 실전에 임하려니 불안하다. 일반 분양물과 달리 사업 진행 여부가 불투명해서다. 낮은 분양가로 내 집 마련 꿈이 가능하다니 포기하기는 또 아깝다.

　마침 어린 시절을 보낸 동네서 지역주택조합원을 모집한다는 소식을 접했다. '잘 아는 동네에 투자하는 게 기본이야.' 고 대리의 조언을 떠올리며 기본적인 정보를 수집한다. 단지 규모는 1천 세대쯤. 부산도시철도 역사에서도 가깝고 교육 환경 역시 나무랄 데 없다. 분양가? 역시나 저렴하다. 3.3m²당 700만 원대. 주변 아파트 시세가 1천100만 원대임을 감안하면 상당히 매력적이다. 마다할 이유가 없다.

사업장 일대 부동산중개사무소 몇 곳을 골라 방문한다. 사업이 된다, 힘들다, 조심해야 한다…. 분석과 전망이 다 다르다. 직접 부대껴 결정하는 수밖에 도리가 없다.

견본주택부터 들른다. 토지 확보를 확인했다. 사업 부지의 75%를 사둔 상태다. 해당 지주들의 의지가 강해 조만간 100%를 채울 수 있단다. 업무 대행사 측은 자금 관리도 투명하다 했다. 신탁회사에 맡기기 때문에 안전하단다. 달콤한 말이 이어졌다. "아파트 가격이 왜 이렇게 낮은지 궁금하시죠. 그게 말이죠, 공동구매 성격이어서 마케팅비나 금융 이자를 줄일 수 있어섭니다." 설명이 명쾌하다. 왕초보 씨는 조급해진다. 시세 차익이 눈에 보인다. 서둘러 계약을 하고 싶은 마음이 굴뚝이다. 환하게 웃는 부인 얼굴이 스쳐 간다.

계약서를 작성한 왕초보 씨는 1차 계약금을 지불하러 은행을 찾는다. 대기 순번을 기다리는 마음이 부푼다. 그때다. 고 대리로부터 전화가 왔다. 흥분된 목소리다. 대략 이런 내용이었다. 얼마 전 지역주택조합 모집을 해서 잘나가던 사업장에서 조합원 집단 환불 신청 소동이 벌어졌단다. 조합원이 낸 계약금이 토지 매입에 사용돼야 하는데 무단으로 쓴 흔적이 발견됐기 때문이다. "왕초보, 혹시 지역주택조합에 참여하려면 확인 또 확인이 중요해, 노파심이지만 반드시 지켜야 해." 마치 왕초보 씨의 사정을 훤히 꿰뚫고 하는 경고 같다.

찜찜하다. 왕초보 씨는 업무 대행사에 전화를 건다. 끝까지 사업 진행을 책임질 수 있는지, 추후 사업 중단 때 계약금을 돌려줄 수 있는지 묻는다. "그건 장담할 수 없습니다." 전화를 끊고 생각에 잠긴다. 견본주택에서 뜨거워진 머리가 그제야 차가워진다. 초보가 뛰어들기엔 위험 부담이 너무 높다. 왕초보 씨는 은행 대기표를 찢는다. 서둘지 말자. 언젠가는 내 집을 가지겠지.

전문가 따라잡기

서성수(영산대 부동산자산관리전공 교수)

지역주택조합은 '주택건설촉진법'에 근거해 1977년에 처음 시행된 제도다. 그동안 세부 내용은 계속 바뀌어 왔다. 주로 조합원 요건 강화와 완화가 변화의 골자. 정부 정책에 따른 조치였다.

지역주택조합이 부각되는 시기와 침체되는 시기는 항상 맞닿아 있다. 왜 그럴까. 부동산 경기가 살아나면 분양 받기가 힘들어진다. 이 때문에 청약통장이 필요 없고 분양가가 싼 지역주택조합이 우후죽순으로 추진된다. 지역주택조합 전성기다. 그런데 사고가 터진다. 이중 분양에 업무추진비 횡령 등. 사회적 물의를 빚으니 규제가 강화된다. 경기도 가라앉기 시작한다. 언제 그랬냐는 듯 지역주택조합은 관심 밖으로 사라진다.

지역주택조합은 개념적으로는 매우 경쟁력 있는 상품이다. 우선 분양 가격이 일반 분양 아파트보다 저렴하다. 실수요자들이 시행사라는 중간 상인을 배제하고 생산자인 건설사와 직접 협상을 벌여 공동 구매하는 방식이라 금융 비용과 마케팅 비용, 시행사 이윤을 절감할 수 있다. 진행 절차도 재개발·재건축에 비해 간명하다.

하지만 단점이 있다. 인터넷 직접구매(직구)와 비슷하다. 직구를 시도하다 사기 당하거나 AS가 이뤄지지 않아 불편을 겪는 것처럼 지역주택조합도 이런 단점을 그대로 지닌다.

무엇보다 상품을 손에 쥘 때까지 보호가 취약하다. 일정 구성원이 모여야 제시한 가격으로 구매가 가능한데, 그 인원이 안 모이거나 일부가 의사를 철회하면 사업이 복잡해진다.

사업 진행 절차를 다시 정리해 보자. 지역주택조합원 자격자 20명 이상 결집 → 지역주택조합설립추진위원회 구성 → 건립 예정 세대수의 50% 이상 조합원 모집과 해당 부지에 대한 토지사용승낙서 80% 이상 확보 → 조합창립총회(조합장 선정/사업계획 작성/조합원 전원이 서명한 조합규약 작성) → 조합설립인가 → 추가조합원 모집 → 사업부지 소유권 95% 이상 확보와 시공사 협약체결 → 사업계획승인 → 토지매입 100% 완료 → 착공과 입주 순이다.

이러한 절차를 진행하다 보면 암초가 수두룩하다. 오죽하면 여러 지자체에서 국토교통부에 주택법령을 개정해 아예 폐지히는 방향으로 건의를 할까. 그만큼 심각하다는 뜻이다. 특히 일반인이 오해할 수 있는 불법 홍보관 문제가 적잖다. 지역주택조합설립인가를 받지 않은 상태라 사업 추진이 불투명한데도 마치 주택건설 사업계획이 확정된 것처럼 동·호수를 지정 분양하는 일도 허다하다.

지역주택조합에 관심을 가진 투자자라면 반드시 알아야 할 내용을 간략히 소개한다. 최소한 이것만이라도 숙지하고 참여하길 당부한다.

1. 토지

지역주택조합은 사업 대상 토지가 확보됐는지가 중요하다. 그러나 토지 소유권이 조합으로 넘어오기 전까지는 등기부등본 등 공적 장부를 통해 확인할 길이 없다. 조합설립 추진위 말이 전부다. 결국 잠재적 위험에 노출된 셈이다. 대응법은? 토지 관련 서류 열람을 요구한다. 이를 꺼리면 의심해야 한다. 토지 확보와 조합원 모집 비율을 과장하는 사업장도 꽤 된다는 걸 염두에 두자.

2. 납부금

조합원 가입 때 납부하는 금액은 두 종류다. 성격이 완전히 다르다. 하나는 조합원 계약금과 중도금 납부계좌고, 다른 하나는 업무추진비 계좌다. 신탁사가 자금 관리를 맡고 있더라도 중간에 탈퇴하거나 사업이 무산되면 납부한 업무추진비를 돌려받을 수 없는 게 대부분이다. 더불어 신탁사를 통해 자금 관리가 되는 사업장인지도 확인한다.

3. 견본주택

지역주택조합의 견본주택은 우리가 알고 있는 그 견본주택이 아니다. 이를 구분 못해 분쟁이 생기는 일이 비일비재하다.

지역주택조합의 견본주택은 상당수가 같이 사업할 조합원을 모집하기 위한 용도다. 재개발 아파트의 일반 분양 견본주택과 지역주택조합 아파트 견본주택은 예금자 보호를 받는 예금과 원금 보장 안 하는 주식만큼이나 차이가 크다. 법적 보호가 완전히 다르다는 뜻이다.

4. 추가 분담금

지역주택조합 아파트는 보통 주변 입지가 비슷한 아파트에 비해 분양가가 10~20% 정도 저렴하다. 하지만 조합원 모집이나 토지 확보 과정에서 애로를 겪거나 시공사와의 협의 과정에서 비용이 계속 추가될 소지가 많다. 따라서 처음 제시된 분양가와 단순 비교하기보다는 추가 분담금을 어느 정도 감안해 면밀히 검토한 후 참여 여부를 결정한다.

5. 사업계획과 설계도

지역주택조합설립추진위원회가 제시한 사업계획과 건축 설계도는 조합 설립과 사업승인 신청 과정에서 변경되거나 무산될 수 있다.

단독주택이나 소규모 빌라는 건축법의 적용을 받기 때문에 세부 설계를 몰라도 된다. 전체 틀이 달라지는 불상사가 거의 없어서다. 하지만 대규모 아파트는 다르다. 주택법을 적용받는 관계로 변수가 많다. 가령, 교통·환경영향평가 과정에서 예기치 않은 문제가 발생할 수도 있다. 부지 특성상 아파트 건립이 불가능할 수도 있고, 건립 가능해도 해결하는 과정에서 비용 증가나 사업계획 축소로 이어질 수 있다. 특히 사업지에 국·공유지가 많이 포함되어 있거나 자연녹지가 포함된 경우라면 더 조심해야 한다. 지역주택조합설립추진위원회가 바라는 것과 사업승인권자인 시장·군수·구청장 등 공공기관장이 원하는 것에는 차이가 날 공산이 크다. 국·공유지는 매입해야 하고 자연녹지는 용도지역변경이 필요하다. 이걸 해결할 방도가 만만찮다.

용적률도 마찬가지다. 지역주택조합은 대개 조례상의 최대 용적률을 상정해 설계를 한다. 사업 수지도 이를 토대로 계산한다. 그러나 용적률은 기부채납 같은 대가 없이는 최대치로 뽑기가 힘들다. 애초 지정받은 동·호수가 사라지는 황당한 사태가 일어날 수도 있다.

6. 기타

지역주택조합과 관련한 분쟁이 꽤 된다. 그 유형을 포털사이트 뉴스 검색으로 파악하길 권한다. 일부 지방자치단체 홈페이지에 공지된 지역주택조합 유의 사항도 도움이 될 것이다.

상가투자

〈2015년 10월 28일 부산일보 3면 보도〉

지역 자산가 "재테크는 역시 부동산…
그중에서도 상가"

부산의 한 대학 부동산 · 도시재생연구소가 '부산 · 경남 부자 부동산 투자 패턴 분석 보고서'를 27일 내놨다. 지난 3월부터 7개월간 부산 · 경남 금융기관의 VIP 고객 110명을 개별 면담한 결과물이다. 부자 기준은 KB국민은행의 '2015 한국 부자 보고서(이하 한국 부자)'를 따라 금융자산이 10억 원 이상인 사람으로 한정했다.
(…)
그렇다면 부산 · 경남 부자들이 선호하는 부동산은 뭘까.
응답자 절반 이상이 상가를 비롯한 수익형 부동산(30.5%)과 투자용 주택 · 아파트 · 오피스텔(26.2%)이라고 밝혔다. 아파트 분양권(13.5%)과 토지(11.6%)도 적잖았다. 모두 투자 가치에 무게를 둔 부동산이다.
부산 · 경남 부자들이 권하는 유망 투자처는 상가(32.9%)였다. 이어 아파트(23.5%), 신도시 내 땅을 포함한 토지(18.3%), 재개발 주택(10.6%), 분양권(7.7%) 순이었다. 저금리 기조에 따른 수익형 부동산 인기에 힘입어 상가 투자 기대감이 더 커졌지만 아파트는 공급과잉 논란 부담으로 그 비중을 낮추는 추세인 셈.
상가 투자 이유로는 41.7%가 '비교적 높고 안정된 임대 수익률'이라고 답했다. 다음으로 매매가격 상승 기대 23.2%, 관리의 편리성 12.5%, 영업장으로 직접 활용 10.1%, 비교적 낮은 세금과 절세 가능 8.6%였다.

20

상가 투자 입문

"여보, 상가도 한번 알아보지?" 아침 준비하던 왕초보 씨 부인 말이다. 옆집 아저씨가 상가로 꽤 짭짤한 소득을 올린단다. 상가라. 시큰둥하다. 재개발에 지역주택조합에 아직까지 머리가 지끈거려서다.

그날 점심시간. 이 과장이 왕초보 씨 옆으로 오더니 씩 웃는다. "만만찮지. 소문 들었어. 요즘 아파트 투자 공부한다며? 그런데 말이야, 최근 3~4년간 아파트값이 많이 오르긴 했지만 상가 가격도 오름세야. 상가도 좋은 재테크 아이템이지." 귀가 솔깃하다. 부인 말이 겹친다. "이 과장님, 퇴근 후 시간 되시나요?"

한 맥줏집. 이 과장이 상가 투자 요령을 설명한다. 이렇다.

모든 투자의 핵심은 지렛대 효과 극대화다. 요즘 같은 초저금리 시대엔 대출 이자보다 높은 월세 수익을 유지하면서 상권이 발달하면 시세 차익까지 가능한 쪽으로 접근해야 한다. 기본적으로 상권을 분석하고 흐름을 이해하는 게 중요하다.

이어 수익률 계산법이다. 수익형 부동산은 그 가치를 수익률로 평가한다. 수익률은 은행 예금 금리보다 3~4% 높아야 한다. 각종 세금과 관리비용을 2%쯤 염두에 둬야 해서다. 지금 1년 만기 정기 적금 금리가 2.8%라 치면 5.8~6.8%의 수익률이 좋다는 얘기다. 수익률 계산법은? 우선 연간 월세와 보증금 예금 이자를 소득으로 합산한다. 대출이자를 차감한 순수익을 낸다. 이 순수익을 순비용(매매가격-대출금액)으로 나누면 수익률 환산이 가능하다. 수익률과 매매 가격을 비교했을 때 수익률이 높아지려면 매매가격을 낮추든가 월세를 높이는 방법뿐이다.

중심 상권은 시가가 높기 때문에 수익률이 3%대 후반 정도이다. 외곽일수록 자산 향상 가치가 크지 않아 수익률이 높은 물건이 많다. 이런 차이를 구분해야 한다.

당연하지만 상가 매입 후에 지속적인 관심이 필요하다. 그러나 아파트 단지 내 상가 등 구분상가는 조금 다르다. 대부분 관리 주체가 있어서다. 이 때문에 최근 투자자의 선호도가 높다.

"상가 종류도 숙지해야 해." 직주 근접 생활권에 인접한 근린상가, 아파트 단지 내 상가, 특정 테마로 밀집된 테마 상가, 주거와 임대 수익이 가능한 상가주택이 있다. 물론 상가별 특징을 감안해 투자해야 한다.

상가의 종류

종류	분류	특징
단지 내 상가	아파트 단지 내	• 고정적인 수요 확보로 안정적 매출 가능 • 대단지 아파트 상가일수록 유리 (최소 500세대 이상)하나 공급량 및 주변 근린상가와의 경쟁력 검토 필요
근린상가	역세권	• 도로변을 끼고 연결되어 있는 상가로 생활 밀착형 시설 위주로 구성 • 유동인구 및 배후지에 따라 A, B, C급지 형성
	지역생활권	
주상복합 상가	주상복합상가	• 상층부는 아파트나 오피스텔이고 저층부는 상가로 구성 • 주변 상권과 연결성 여부가 중요 • 조경 등으로 접근성이 떨어지는 경우에 유의
	오피스텔상가	
테마상가 (쇼핑몰)	의류전문	• 백화점에 비해 효율적인 마케팅 및 제품관리가 어려워 활성화가 쉽지 않음
	복합 쇼핑몰	
	전자 · 귀금속 · 한약 등 특화된 상가	
상가주택	• 저층은 상가 • 고층은 주택 등 주거와 상업기능 혼합 • 상권이 확대되어 나가며 자연발생적으로 형성 • 최근 골목상권에서도 편의점 등이 들어서며 증가 추세 • 가성비가 뛰어난 경우가 많으나 불법 건축물에 유의하고 상권의 연속성 판단 필요 • 최근 법 개정으로 택지개발지구 내의 점포 겸용 주택이 인기가 많으나 공급량, 가격, 상업지와의 경쟁력 검토 필요	

한창 메모하던 왕초보 씨. "특징이 어떤 게 있을까요?" 이 과장이 맥주를 한 입 들이킨다. "그보다 먼저 배워야 할 게 있어. 바로 상권 분석이야. 상가 투자를 위해선 그 지역 상권이 얼마나 활성화되어 있는지, 그리고 투자하려는 상가 입지가 좋은지를 판단하는 게 앞서야 해."

21

상권과 지형지세

왕초보 씨는 이 과장이 전하는 상가 투자 노하우가 흥미진진하다. "수익률을 이해했으니 이젠 좋은 상가 고르는 법을 알아보지." 이 과장은 상권과 입지 보는 눈을 강조한다. 무엇보다 상가 투자자라는 입장을 버리란다. 상가 고를 땐 장사꾼의 눈으로 보라는 얘기다. 다음은 이 과장의 설명 요지다.

상권 가치는 기본적으로 지형지세로 거의 판가름 난다. 지형이 높은 데보다 낮은 데가 낫다. 도시가 형성될 땐 항상 하천이나 강의 하류 쪽에 사람이 몰리고 아무래도 사회간접자본 투자가 저지대에서 먼저 이뤄져서다. 자연히 도로망이 저지대 위주로 갖춰진다. 접근성이 고지대에 비해 편리할 수밖에. 세상 모든 도시는 이런 수순으로 성장했다.

"상가 이용자는 사람이잖아. 걸어서 움직일 수 있는 최단거리 동선을 선호해." 내리막길도 마찬가지다. 부동산업계 용어로 이를 흐른다고 한다. 이 표현을 제대로 파악해야 한다.

사람이 동시에 많이 움직이면 하나의 흐름이 형성된다. 그리고 그 방향은 물이 흐르는 특성과 일치한다. 물은 상류에서 시작해 낮은 데로, 더 낮은 데로 움직여 강이 되고 큰 바다가 된다. 상권도 다를 바 없다.

"예를 들어볼까? 부산은 평지보다 산이 많지. 그러니 산 중턱까지 주택이 빽빽해. 산을 중심으로 동네가 있는 형태야. 백양산을 낀 부산진구 당감동과 부암동, 황령산을 낀 남구 문현동과 부산진구 전포동, 수정산을 낀 동구 범일동과 수정동이 그런 동네지. 이들 동네마다 소형 상권이 일차적으로 생겨. 사람이 사니 그들의 의식주를 해결할 상권이 조성되는 셈이지. 그런데 이들 소형 상권의 중심에 서면이 자리했어. 지대도 이들 소형 상권에 비해 낮아. 해서 소형 상권 유동인구가 물 흐르듯 다시 모이는 데가 바로 서면이야. 부산 최대급 상권은 그렇게 탄생했어."

만약 서면이 고지대였다면? 더 오르막에 위치했다면? 아마 연제구 연산동이 먼저 발달했을 가능성이 크다는 게 이 과장의 분석이다.

서면의 성장사에서 빼먹을 수 없는 요인이 또 있다. 교통편이다. 서면은 부산도시철도의 중심지다. 그리고 부산도시철도는 산자락 거주지를 모두 연결하는 주요 장치다. 이 때문에 서면의

유동인구가 많은 부산도시철도 1호선 서면역

배후 세대 수는 실제로 엄청나다.

 이 과장이 말을 끊는다. 왕초보 씨가 정리할 시간이 필요해서다. "어렵게 생각하지 마. 한 가지만 명심해. '상권 분석은 흐름 분석이다.' 다음엔 상권 급지에 따른 유동 인구와 거주 인구의 소비 수준이나 생활 방식 그리고 구매 행동을 진단하는 요령을 들려줄게."

22

상권과 유동인구

이 과장이 숨을 고르더니 이내 속사포 설명이다. "상권은 장사하는 점포 수가 많은 데를 말해. 사람이 많이 모여야겠지." "그래서 자연스레 사람이 몰리는 지형지세가 중요하죠." "그렇지. 잘 이해했네." 이 과장 맞장구에 왕초보 씨 얼굴이 밝아진다. 뿌듯한 표정.

이 과장이 그 예를 들려준다. 만약에 A 동네에 2천 세대 아파트가 입주했다 치자. 아파트 상주인구는 세대당 3명, 즉 6천 명이 된다. 여기에 유동인구 2천 명을 포함하면 8천 명으로 증가한다.

이쯤 되면 주변의 기존 상권 중 유독 사람이 모이는 장소가 생긴다. 그 상권은 힘을 받으면서 더 커진다. 경쟁 상권은 도태의 길을 밟게 된다.

"대단지가 들어오면 유동인구가 늘어 장사가 잘 되겠지. 그렇다면 상가 가격은?" "오르겠죠." "맞아. 그런 데를 골라 미리 투자하는 게 재테크의 핵심이야."

이 과장이 이번엔 유동인구의 움직임을 들려준다. "사람들의 일반적인 행동 패턴을 곰곰이 따지면 답이 나와. 한번 볼까." 아침 해가 뜬다. 집으로 나온다. 출근하거나 목적지로 이동하기 위해 대중교통을 탄다. 물건을 사려고 마트와 시장을 찾는다. 외식하려 식당을 찾는다. 이런 시설이 밀집된 데가 괜찮은 상권으로 발달한다.

"그런데 조심할 게 있어. 무조건 유동인구가 많다고 좋은 건 아니지. 사람이 빠지는 목을 살펴야 해."

첫째. 경사진 곳을 피한다. 부산도시철도역이든, 버스정류장이든, 교차로 부근이든 이 원칙은 모두 적용된다.

둘째. 보도 폭이 2.5m 이내로 좁은 곳도 문제다. 교행이 힘들어서다. 보행자끼리 부딪칠 수 있다. 이 같은 심리적 부담은 사람들이 빠른 속도로 그 자리를 지나가게 한다. 전봇대나 장애물도 마찬가지. 보도에 이런 시설물이 있으면 길은 더 좁아진다.

셋째. 목적지로 가는 단순 경유지도 안 좋다. 역시 상가 이용을 기대하기 힘들다.

"유념할 게 또 남았어." 상권 단절시키는 요인을 꼭 알아두란다. 하천이나 둑, 강, 공원, 철로, 6차선 이상 도로 같은 지형물들이다. 쓰레기 처리장, 초·중·고, 병원, 카센터, 가구점, 표구점, 주유소 등도 그렇단다. 메모를 한참 하던 왕초보 씨. 또 한숨이다. "복잡하네요." 왕초보 씨를 쳐다보다 씩 웃는 이 과장. "상권을 살피는 도구로 요즘 빅데이터 분석을 이용해. 상권 유동인구가 얼마나 되는지, 누가 얼마나 이용하는지를 보는 창구지. 인터넷 서비스가 제공되니 알고 있으면 큰 도움이 될 거야. 조금 쉬었다 할까."

23

상권 분석과 빅데이터

　　"왕초보 씨, 발로 뛰는 건 언제나 중요해. 상권 분석도 다를 게 없지. 하지만 빅데이터를 잘 활용하면 아주 편리해." 이 과장이 그 방법을 들려준다. 다음은 그 요지다.

　　많이 쓰는 빅데이터는 크게 세 가지. 소상공인시장진흥공단의 '상권정보시스템'과 SK텔레콤의 '지오비전', BC카드의 '앱인대박상권'. 저마다 장점이 있다.

　　가장 알찬 정보가 돋뵈는 건 '상권정보시스템'이다. 유동인구와 상가 개수, 카드사를 통한 매출, 도시철도역 시간대별 이용인원 DB를 담았다. 상권 지도를 통해 자신이 선택한 업종과 유사 업종을 비교할 수 있다. 업소 증감 추이를 비롯해 창업률과 폐업률 통계도 제공한다.

가령 부산 해운대구 달맞이고개 상권 분석이 필요하다고 치
자. 그러면 우선 지도상에 상권 범위를 지정한다. 업종에서 음식
→ 커피점/카페 → 커피전문점/카페/다방 순으로 선택한다. 그
리고 상권 분석하기를 클릭하면 끝이다. 이 일대의 세대 수, 인구
수, 주요 시설 수, 상가와 업소 수가 한눈에 보인다.

상권정보시스템

업종 분석에 들어가면 커피전문점/카페/다방 업종 업소 추이
가 나온다. 전국과 부산과 해운대구를 비교한 DB도 확인 가능

하다. 증감세를 볼 수 있다.

이젠 중분류 업종 현황을 보자. 한식 45개, 양식 36개, 커피점/카페 24개, 일식/수산물 15개. 많다. 달맞이고개에 외식 문화가 발달했음을 알 수 있다. "이런 데서는 커피 한 잔이 그립겠지? 커피숍 창업도 많겠지? 상가 투자 대상지로 괜찮다는 얘기야."

다음은 매출. 주변 상권의 건당 매출이 8천108원인 데 반해 여기는 1만 4천825원이다. 건당 매출이 높다.

요일별 매출 비율도 참고하자. 주말이 54.6%, 주중이 45.4%다. 전반적으로 매출이 안정적이다. 그렇다면 임차료 미납 가능성이 준다는 뜻이다.

유동인구는? 30~50대가 오전 9시부터 오후 9시까지 가장 많이 이용하는 것으로 나온다. "점포 임대 시세도 보증금과 임대료를 구분해서 파악할 수 있어. 수익률 계산에 도움이 돼."

'지오비전'은 상권 분석에 관한 기본 정보 외에도 추정 매물을 확인할 수 있어 유용하다. '앱인대박상권'은 전국적으로 뜨는 상권과 업종 조회가 가능하다. 이 세 가지 분석 사이트를 비교해가며 사용하는 게 더 유익하다.

"데이터로 상권을 분석한 후엔 뭘 해야 할까?" "당연히 현장 점검이죠." 왕초보 씨가 이 과장 질문에 자신 있게 답한다. "빙고. 그런데 상가 투자하려면 반드시 숙지해야 할 게 있어. 상가건물 임대차보호법이지. 이번에 강화됐으니 꼭 살펴봐."

24

상가건물임대차보호법

-어디에 쓰는 물건인고?

회사 옥상에 자판기 커피 한 잔을 들고 올라온 왕초보 씨. 발아래로 건물이 빽빽하다. 그중 내 집 하나 없다는 게 새삼 서글프다. 고 대리와 이 과장을 통해 부동산에 관해 많이 배웠지만 그럴수록 어렵게만 느껴진다. 목 좋은 상가를 사 꼬박꼬박 월세 받고 훗날 시세 차익을 노렸는데…. 이 분야도 분양권 투자나 재개발·재건축, 지역주택조합 못잖게 복잡하다. 주거용 부동산보다 전문지식이 더 필요한 것 같다. 점심이나 부서 회식 때 들렀던 점포가 이젠 예사롭지 않게 보인다.

커피 한 모금 후 중얼거리는 왕초보 씨. '괜찮은 상권에 목 좋은 상가는 엄두 못 낼 만큼 비싸다. 그런 데를 빼고 나니 상권 분석이 헷갈린다. 그런데 이제는 법을 알아야 된다니. 상가건물임

대차보호법이라….'

스마트폰을 켠다. 잠 설쳐 가며 정리한 내용이 담겼다. 왕초보 씨가 공부한 상가건물임대차보호법을 복기한다.

상가건물임대차보호법은 건물주와 상가 세입자 간의 점포 임대차 계약에서 약자인 세입자 권리를 보호하기 위해 만들었다. 2001년 12월 제정. 2015년 5월엔 그간 법적 보호를 받지 못한 권리금을 법제화했다.

무엇보다 상가 건물 투자자나 점포 임차인이 꼭 알아야 하는 사항이 있다. 이 법은 모든 상가와 점포에 적용되는 게 아니란 점이다.

영세 상인을 보호하기 위한 입법 목적에 따라 지역별로 정한 일정 금액 이하의 임대차에만 적용된다. 즉, 이 조건을 충족해야 상가건물임대차보호법에서 규정한 각종 보호 혜택을 임차인이 볼 수 있다는 뜻이다. 조건은 보증 금액과 월 임대료를 합산한 환산보증금이다. 월 임대료를 보증금으로 환산할 땐 100을 곱한다.

상가건물임대차보호법 환산보증금에 따른 적용범위와 영세상인 보호범위

지역구분	2014년~현재		
	적용대상	보호대상 임차인의 범위	소액보증금
서울특별시	4억 원	6천500만 원	2천200만 원
수도권 과밀억제권역	3억 원	5천500만 원	1천900만 원
광역시	2억 4천만 원	3천800만 원	1천300만 원
그 밖의 지역	1억 8천만 원	3천만 원	1천만 원

출처: 법제처

예를 들어보자. 위 표물을 보면 부산을 포함한 광역시는 환산보증금 2억 4천만 원 이하에만 상가건물임대차보호법이 적용된다. 보증금 1억 원에 월 임대료가 150만 원이면 환산보증금은 2억 5천만 원(1억 원+150만 원×100)이 된다. 적용 대상에서 제외된다. 보증금 5천만 원에 월 임대료가 180만 원이면? 환산보증금은 2억 3천만 원이 돼 법 적용 대상이다.

주의할 게 있다. 환산보증금을 비롯한 지역별 기준 금액은 경제 사정에 따라 변한다. 대개 주기적으로 오르는 편이다. 시행령 개정 내용을 그때그때 확인해야 한다는 얘기다.

갑자기 스마트폰이 울린다. 부서장인 노 부장이다. 이런, 큰일 났다. 잠시 바람 쐬러 온다는 게 너무 시간을 지체했다. 힘없이 내려가는 왕초보 씨. 길게 드리운 그림자가 주인을 애처롭게 쫓아간다.

25

상가건물임대차보호법
-왜 바뀌었나

부리나케 옥상에서 내려온 왕초보 씨는 노 부장과 독대한다. "왕초보 씨, 요즘 특별히 뭐 하는 게 있나?"

부동산 공부하는 게 표시가 난 모양이다. "죄송합니다. 업무에 지장 없도록 하고 있습니다."

의아한 표정의 노 부장. "무슨 소리야, 업무 역량이 몰라보게 달라진 것 같아 묻는 건데. 이번에 왕초보 씨가 올린 영업 부진 직영점 분석 보고서가 상당히 흥미롭고 색달라서 그래. 직영점 체계나 제품 문제보다 주변 여건 변화에 따른 불가피한 현상이어서 점포를 축소나 폐쇄, 이전하자는 견해가 꽤 설득력이 있더군."

그제야 안도한 왕초보 씨. "상권 분석을 공부하다 보니 시각이 변한 것 같습니다." 아랫사람 몰아붙여 '노 검사'로 불리는 노 부장이 보기 드물게 웃는다. "오늘 저녁 어떤가?"

뒷골목 감자탕집. 작아도 깔끔하다. 손님은 두 테이블이다. "여기 와 봤어?" "처음입니다." "여기 입지는 어떤가." 기습 질문에 당황한 왕초보 씨. 때맞춰 나온 음식이 구세주다.

노 부장이 감자탕집 주인에게 묻는다. "요즘 장사는 좀 어떻습니까?" "중동호흡기증후군으로 힘들죠. 그보다 몇 개월 뒤 점포를 비워줘야 해서 걱정이죠. 월세를 올리겠답니다. 건물주 아들이 직접 장사할 요량인가 봅니다. 시설권리금도 받을 수가 없을 텐데. 주변엔 옮길 만한 점포도, 다시 시설 투자할 목돈도 없고…." 말꼬리를 흐리는 감자탕집 주인 얼굴에 수심이 가득하다.

상가건물임대차보호법이 문득 떠오른 왕초보 씨. "보증금과 월세가 얼마입니까? 장사 기간은요?" "보증금 1억 원에 월세 200만 원이고 3년째네요." 환산보증금을 계산하니 법 보호 대상이 아니다. "별다른 방법이 없겠네요."

왕초보 씨를 지켜보던 노 부장이 한마디 던진다. "큰 걱정 안 하셔도 됩니다." 왕초보 씨와 감자탕집 주인이 동시에 노 부장을 쳐다본다. "계약 갱신 요구권이란 게 있습니다. 최초 계약일로부터 5년간 영업할 수 있죠. 2015년 5월 개정된 상가건물임대차보호법에 의해 권리금을 보호하는 길이 생겼습니다. 그뿐이 아닙니다. 이후 신규 계약 상가건물은 환산보증금과 관계없이 건물주가 바뀌어도 대항력도 생기죠."

즉, 환산보증금을 초과해도 예외적으로 계약 갱신 요구권, 권리금, 대항력 규정이 적용된다는 얘기다. 이건 또 무슨 말일까. 왕초보 씨와 감자탕집 주인이 노 부장 앞으로 의자를 당겨 앉는다.

26

임차인의 방패,
계약 갱신 요구권

노 부장이 감자탕집 주인과 왕초보 씨를 옆에
두고 말을 이어간다.

"상가건물임대차보호법은 주택임대차보호법과 달리 법 적용
범위가 정해져 있습니다. 영업 잘 되고 시설 투자비 많은 상가가
법 보호 대상에서 제외되는 일이 비일비재하죠. 상가건물임대차
보호법이 임차인을 돕지 못한다는 뜻입니다. 이 때문에 2013년
엔 계약 갱신 요구권을, 2015년엔 대항력과 권리금 관련 규정을
만들었습니다. 즉, 환산보증금에 의한 기본 골격은 유지하되 앞
의 세 가지는 모든 영업용 임대차 계약에 확대 적용하겠다는 것
이죠."

감자탕집 주인이 묻는다. "제가 계속 장사하려면 계약 갱신을

요구하면 되고, 나갈 때는 임대인에게 권리금을 달라고 하면 된다는 거죠?" "음, 그건 아닙니다."

잠시 뜸을 들이는 노 부장. 말끝을 흐린다. "임차인에게 좋긴 한데…. 무조건 좋다고 하기에는 또 애매해요." "무슨 문제라도 있나요?" 왕초보 씨가 재촉하듯 말을 던지자 노 부장이 설명을 계속한다.

그동안 법 적용 대상 밖에 있던 임차인은 무방비 상태였다. 하지만 이제는 방패가 주어졌다. 그런데 이 방패의 사용법을 잘 모르면 더 위험해진다.

노 부장 말은 이렇다. 우선 계약 갱신 요구권을 보자. 임차인이 임대차 기간 만료 전 6개월부터 1개월까지 임대인에게 계약 갱신을 요구할 수 있다. 임대인이 싫어도 정당한 사유가 없으면 요구권을 거절 못 한다는 말이다. 요구권 행사 기간은 최초 임대차 기간을 포함한 전체 임대차 기간이 5년을 초과하지 않는 범위 내다. "통상 임대인은 초기 시설비용을 투자하거나 권리금을 지불하고 건물에 들어갑니다. 그런데 바로 쫓겨난다면 그 금액을 모두 날리게 되겠죠. 그래서 법이 최소한의 임차 기간을 보장한 게 바로 요구권입니다."

계약 갱신 요구권 거절사유

1	임차인의 3기 차임 연체한 경우		
2	임차인이 거짓이나 그 밖의 부정한 방법으로 임차한 경우		
3	서로 합의하여 임대인이 임차인에게 상당한 보상을 제공한 경우		
4	임차인이 임대인의 동의 없이 목적 건물의 전부 또는 일부를 전대한 경우		
5	임차인이 임차한 건물의 전부 또는 일부를 고의나 중대한 과실로 파손한 경우		
6	임차한 건물의 전부 또는 일부가 멸실 되어 임대차의 목적을 달성하지 못할 경우		
7	임대인이 다음 어느 하나에 해당하는 사유로 목적 건물의 전부 또는 대부분을 철거하거나 재건축하기 위하여 목적 건물의 점유를 회복할 필요가 있는 경우		
	㉮	임대차계약 체결 당시 공사시기 및 소요기간 등을 포함한 철거 또는 재건축 계획을 임차인에게 구체적으로 고지하고 그 계획에 따르는 경우	
	㉯	건물이 노후 · 훼손 또는 일부 멸실 되는 등 안전사고의 우려가 있는 경우	
	㉰	다른 법령에 따라 철거 또는 재건축이 이루어지는 경우	
8	그 밖에 임차인이 임차인으로서의 의무를 현저히 위반하거나 임대차를 계속하기 어려운 중대한 사유가 있는 경우		

그렇지만 요구권이 만능은 아니다. 요구권을 행사해도 임대인은 임대료를 인상할 수 있다. 그 인상 폭은 환산보증금이 법 적용 대상인지 아닌지에 따라 다르다. 법 적용 대상일 때는 연 9%까지 올릴 수 있다. 반면 법 적용 대상 밖일 때는 당사자 간 합의로 결정된다. 합의가 안 되면 소송하는 수밖에 없다. 이런 이유로 계약 갱신 요구권의 실효성에 의문을 던지는 사람이 적지않다. 이 밖에 임차인이 임대료를 3번 연체하거나 재개발·재건축 현장의 임대차라면 요구권이 별무소용이다.

"연체가 안 일어나도록 유의해야겠죠. 다음은 권리금을 알아볼 차례인데, 이게 참 어렵습니다. 잠시 쉬었다 가죠."

27

권리금, 알아야 지킨다

감자탕집에서 삼겹살집으로 자리를 옮기니 이 과장과 고 대리가 와 있다. 노 부장은 먼저 들어간단다. "피곤하네. 다음에 보지."

어느새 노릇노릇하게 익는 삼겹살. 꽉 찬 테이블. 이 집은 항상 장사가 잘 된다. 이 과장이 주인에게 넉살 좋게 말을 건넨다. "부럽습니다." "딱히 그렇지도 않아요. 이리저리 새는 돈이 꽤 많습니다. 겨우 집사람 인건비 정도 남깁니다. 처음 들어올 때 권리금도 셌죠. 월세는 계속 오르고 인력난은 심하고. 투자했던 권리금이라도 받아 나갔으면 좋겠는데…."

왕초보 씨는 노 부장에게 배웠던 권리금이 떠오른다. "이제는 권리금이 법적 테두리로 들어와 다행입니다. 그동안 권리금은 기존 세입자가 영업을 통해 형성한 지명도인 탓에 보호 못 받고 건물주 횡포로 그냥 쫓겨나는 세입자가 종종 있었잖습니까." 이어지는 왕초보 씨의 설명.

2013년 9월 기준으로 우리나라 권리금 규모는 약 33조 원에 달한다. 권리금을 제대로 못 받을 우려가 있는 상가 임차인은 약 120만 명. 액수로는 1조 3천억 원대다. 국토교통부가 밝힌 내용이다. 이유는 뭐였을까. '건물주가 인정하지 않아서'가 대부분이었다.

통상 권리금은 바닥·시설·영업 권리금으로 나뉜다. 문제는 권리금의 가치를 객관적으로 평가하기가 쉽지 않다는 점이다. 더구나 임대인 재산권 행사에 대한 침해 소지가 있어 권리금을 법적 보호 대상에 포함시킬지 논란이 많았다.

조금 구체적으로 살펴보자. 바닥 권리금은 일종의 '자릿세'다. 입지와 목에 대한 대가인 셈. 신축 건물에선 건물주가 요구하기도 한다. 시설 권리금은 점포 인테리어와 가구·집기·주방 시설에 대한 보상이다. 처음에 설치할 땐 시설비에 3년 정도를 가치 존속 기간으로 보고 감가상각을 하는 게 보통이다. 영업 권리금은 장사 여부에 따라 인정되는 권리금이다. 1년 치 순이익이 기준이다. 기존 매장의 장부를 봐야 하는데 신규 임차인이 확인할 길이 없다. 중개업소나 기존 임차인 말에 의존하기 일쑤다.

"영업 권리금, 이게 참 애매합니다. 요일별 시간대별 가게 손님을 조사하고 더러 기존 장부를 검토하기도 하죠. 그러나 위장 손님에 숫자 조작, 사은 행사 등의 수법이 동원되면 자칫 과다하게 권리금을 지불하게 되죠. 동일 업종이 아니면 바닥 권리금밖에 없어 기존 임차인과의 권리금 절충은 더 어렵게 됩니다."

이 과장과 고 대리가 적잖이 놀라는 눈치다. 그리고 이구동성.
"몰라보게 달라졌네."

권리금의 종류

1) 시설 권리금	• 점포 개점 시 인테리어, 간판, 기자재 등의 시설 투자금에 대한 대가로 지불하는 비용 • 시설투자비에서 경과시간에 따라 감가 • 업종별 특성에 따라 유행에 민감한 업종일수록 내용연수는 짧아지며 3~5년이 지나면 사라짐
2) 영업 권리금	• 해당 점포의 영업을 통해 발생하는 매출 및 수익에 따라 형성되는 권리금 • 인허가와 관련되는 업종의 권리금 : 담배판매권, 어린이집 등 • 일반적으로 1년간 순수익으로 계산함 • 현재의 매출과 순이익을 기반
3) 바닥 권리금	• 신축점포 및 업종 변경 시에도 주고받는 권리금 • 점포가 위치한 지역적 특성에 기인한 프리미엄으로 상권이 발달할수록, 경기가 좋을수록 상승 • 예상매출과 순이익을 기반으로 하나 차임과 연동되어 움직임

28

적정 권리금 산정 방법

이 과장과 고 대리 칭찬에 신바람이 난 왕초보 씨가 열변을 토한다.

"2015년 5월 개정된 상가건물임대차보호법은 다음 규정을 뒀어요. '임대인은 임차인이 신규 임차인이 되려는 자로부터 권리금을 지급받는 것을 방해해서는 안 된다.' 이걸 위반하면 손해배상 의무를 지죠. 구체적으로 볼까요. 임대인이 임차인이 주선한 신규 임차인에게 권리금을 요구하거나 수수하는 행위, 신규 임차인이 기존 임차인에게 권리금을 지급하지 못하게 하는 행위, 현저하게 고액 임대료와 보증금을 요구하는 행위, 정당한 사유 없이 임차인이 주선한 신규 임차인과의 임대차 계약을 거절하는 행위를 금지했죠. 어기면 임차인은 임대차를 종료한 날로부터 3

년 내에 손해배상을 청구할 수 있습니다. 손해배상 금액은 신규 임차인이 임차인에게 지급키로 한 권리금과 임대차 종료 당시의 권리금 중 낮은 금액을 넘지 못합니다."

왕초보 씨는 목이 탄 듯 물 한 컵을 단숨에 마신다.

"하지만 다음과 같은 '정당한 사유'가 있으면 임대인이 신규 임차인과의 계약을 거절할 수 있습니다. 첫째, 신규 임차인이 보증금과 임대료를 지급할 자력이 없을 때. 둘째, 임차인으로서 의무를 위반할 우려가 있을 때. 셋째, 임대차 목적물인 상가 건물을 1년 6개월 이상 영리 목적으로 사용하지 아니할 때. 넷째, 임대인이 주선한 신규 임차인이 종전 임차인에게 권리금을 지급했을 때."

일목요연하게 법 규정을 정리하던 왕초보 씨. 이번엔 권리금 규정의 문제점을 지적한다. "사실, 법 규정은 임대인과 임차인의 이해 관계를 대충 절충했죠. 그 때문에 여전히 분쟁 소지가 될 우려가 높은 조항이 많습니다. 거절 조항 첫 번째를 다시 살펴보죠. 신규 임대인이 임대료를 낼 자력이 없다는 이유는 너무 추상적입니다. 법적 분쟁 소지가 있죠. 분쟁이 생겼을 때도 마찬가집니다. 과연 적정 권리금이 얼마인지에 대해서 첨예한 대립이 생길 가능성이 높아요. 해서 국토교통부는 상가 권리금의 감정 평가 기준이 담긴 '감정평가 실무기준' 개정안을 마련했습니다. 그러나 권리금 속성상 정확한 감정은 쉽지가 않습니다."

감정평가 실무기준 표

구분	구체적인 내용	비고
의뢰인	• '상가건물임대차보호법' 제10조의 4 제3항에 따른 손해배상액 산정과 관련한 이해당사자(임대인·임차인) 또는 법원 • 적정권리금 수준을 알고자 하는 신규임차인 등	
대상물건	• (유형적 재산가치) 영업시설·비품·재고자산 등 • (무형적 재산가치) 거래처·신용·영업상의 노하우·건물의 위치에 따른 영업상의 이점 등	의뢰인이 목록을 작성하여 제시
감정평가 목적	• '상가건물임대차보호법' 제10조의 4 제3항에 따른 손해배상액 산정 • 임차인과 신규임차인간 권리금 수수를 위한 시가참고 등	
기준시점	• '상가건물임대차보호법' 제10조의 4 제3항에 따른 감정평가 임대차 종료 당시 • 그 밖의 경우, '감칙' 제9조 제2항에 따라 평가대상의 가격조사를 완료한 날짜	
감정평가 조건	평가대상물건의 현황에도 불구하고 일정한 경우 현황과 다르게 가정하거나 한정하는 조건	
기준가치	감정평가의 기준이 되는 가치로 시장가치 원칙	
자문 등에 관한 사항	특수한 물건 또는 특수한 목적으로 감정평가 하게 되는 경우 외부 전문가의 자문 등	
수수료 및 실비 청구 사항	'부동산 가격공시 및 감정평가에 관한 법률' 제35조 제3항에 따른 수수료 요율 및 실비 기준	

출처: 국토교통부

이 과장과 고 대리 눈이 휘둥그레진다. "왕초보 씨, 대체 얼마나 공부한 거야?" "별거 아닙니다." 왕초보 씨가 멋쩍은 표정으로 말끝을 흐리며 뒷머리를 긁적인다. "왕초보 씨. 관계법을 아는 건 중요한 일입니다. 그런데 왜 그 법이 나온 건지, 상가 건물 투자자와 상인들에게는 어떤 영향을 미치는지도 파악해야 합니다." 그간 잠자코 있던 고 대리가 말문을 연다.

29

상가건물임대차보호법과 대출 규제

고 대리가 차분히 말을 잇는다.

"법 개정은 사회상의 반영이지. 여론이 형성되면 법이 만들어지거나 폐지되거든. 반대로 법이 개정되면서 사회적 변화도 이끌어 내. 대표적인 게 주택임대차보호법이야. 법 제정 이전에는 저당권자에 대해 채권인 전세보증금이 후순위가 될 수밖에 없었어. 집주인을 잘못 만나면 전세보증금을 돌려받지 못한다는 얘기지. 그러나 주택임대차보호법이 제정되자 임차인이 보증금을 돌려받지 못할 우려는 대폭 감소됐어. 반면 보증금의 대폭 상승을 가져온 원인이 되었지. 특히 개정을 통해 최단 임대차 기간의 연장 등 임차인 보호를 강화하면 할수록 전세금 상승 폭은 더 커졌어. 이번 상가건물임대차보호법 개정도 마찬가지야."

알 듯 모를 듯 애매한 표정의 왕초보 씨. "상가 임대료가 크게 오를 수 있다는 뜻인가요?" "글쎄, 좀 더 지켜봐야겠지. 임대인 입장에서는 권리금의 법적 부담 탓에 리스크 보상 심리가 있을 테고, 공식적으로 알게 된 권리금 액수의 증가와 연동해 임대료도 그에 상응해 올리려는 심리가 작용하면 임차인에게는 부담이 커질 수도 있겠지. 결국 상권이 좋은 지역의 건물주들은 권리금이 높으면 높을수록 임대료를 올릴 가능성이 꽤 높아. 상권이 비활성화된 지역이라면 이번 법 개정을 가뜩이나 재미없는 상황에서 규제만 덧붙여진 것으로 여겨 건물을 매각하려는 움직임이 늘겠지." 상가 시장에서도 빈익빈 부익부 현상이 심화될 수 있단다.

고 대리 설명을 듣던 왕초보 씨는 연신 감탄한다.

그러자 이번엔 이 과장이 나선다. "2015년 12월 가계부채를 관리하기 위해 대출 심사부터 부채 구조까지 개선하는 종합 관리방안이 도입됐어. 아파트 등 주거시설뿐만 아니라 상가 시장에도 영향을 미칠 것 같아. 앞으로 은행에 주택담보대출을 신청할 경우 대출자의 상환능력심사를 위해 객관성 있는 소득증빙자료(소득금액증명원·원천징수영수증·연금지급기관증명서 등)를 무조건 제시해야 하거든. 무분별한 투자에 제동이 걸리는 셈이야. 수익형 부동산의 경우에도 담보감정평가 등이 엄격해졌지. 원하는 만큼의 대출을 받지 못할 우려가 있다는 말이야. 하지만 주거시설처럼 상환부담에 따른 제약은 벗어날 수가 있기 때문에 상대적으로 투자의 큰 흐름이 바뀔 가능성도 있어."

왕초보 씨가 되묻는다. "아파트보다는 상가 투자가 더 유망하다는 거죠?" "반드시 그런 건 아니야. 수익형 부동산도 아파트 못지않게 이미 많이 올랐거든." 이 과장의 원론적 발언에 왕초보 씨는 힘이 빠진다. 부동산은 알면 알수록 어렵다.

2015년 12월 가계부채 종합 관리 방안

	현행	개선
상환방식	• 일시상환 · 거치식 위주 • 거치기간 통상 3~5년	• 분할상환 위주 • 거치기간 1년 이내 단축 유도
상환능력 심사	담보가액 평가 중심의 심사	차주 상환능력 중심 심사
소득확인	• 신고소득 광범위하게 인정(신용카드 사용액 등) • 최저생계비 소득으로 인정(증빙 필요 없음)	• 증빙소득 원칙 • 최저생계비 불인정
변동금리 산정방법	은행 자율	향후 금리상승 가능성 고려해 반영(stress rate)
대출금액 산정	신용대출 등 기타 부채 고려 안 함	기타 부채 원리금 상환도 합산 계산
제2금융권 규제	• 탄력적 한도상향 가능 • 상대적으로 1금융권에 비해 규제 완화	• 풍선효과 고려해 동일 수준 규제
기대효과	• 상환능력과 무관하게 부동산 가격상승에 따라 가계대출 증가 • 과다한 레버리지 관행 확대	• 원금을 갚아 가며 대출규모가 감소 • 적정규모 대출 정착

출처: 은행연합회

30

상가 투자 노하우

숨이 막히는 답답함. 왕초보 씨는 눈을 떴다. 새벽 3시가 넘었다. 열대야에 술까지 마셨으니…. 물 한 잔을 벌컥 들이킨다. 머리가 그나마 맑아진다. 이 과장의 어젯밤 말이 떠오른다. 한편으론 답 없고 고리타분한 원론적인 얘기였다. 그런데 그 말이 아팠다. 공부 조금 했다고 부동산 시장을 꿰뚫은 듯 말이 앞섰던 게 영 민망했다.

"삶 자체가 변수로 가득해. 그래서 한 사람 한 사람 제 여건에 따라 다양한 인생을 살지. 그러나 따지고 보면 대개의 인생이 비슷비슷하지 않을까. 투자도 마찬가지라는 생각이 들어. 본질이 같다는 말이야. 뻔해 보여도 상식과 원칙이 중요해. 물론 원론적인 지침을 충실히 지켜도 실패하는 인생이 있겠지. 예를 들어 볼까. 분양권이니 재개발이니 재건축이니 하는 아이템이 요즘 부동산의 대세지. 그 흐름을 좇는 사람이 모두 성공할까? 그래, 아니야. 그러면 어떻게 해야 할까? 갑갑하지. 그래서 원칙을 따라가며 투자를 해야 해. 그게 확률을 높이는 길이거든. 천천히 열심히 배우고 부지런히 현장 둘러보며 부동산 시장 흐름을 지켜봐. '로또'로 여겨지는 대세에만 끌려다니지 말고."

곱씹을수록 옳다. 빨리 일어서고 싶은 조급증에 분양권 투자, 재개발·재건축, 지역주택조합, 상가까지 공부를 넓혀 왔다. 다채롭게 배운 건 좋았다. 그러나 가만 보니 '한 방'을 좇고 있었다. 좀 더 여유를 가지고 차근차근 투자법을 익히지 않았다.

기회를 기다려야겠다고 다짐하는 왕초보 씨. 어차피 다시 잠을 청하기는 힘들다. 커피 한 잔을 탄다. 책상에 앉는다. 상가투자와 입지 분석을 차분히 정리하다 글을 적는다. 다음은 왕초보 씨가 투자 노트에 쓴 내용이다.

'상가는 전반적인 경기 변동과 금리에 가장 민감하게 반응하는 상품이다. 그만큼 낭패 볼 가능성이 크다. 상가 유형별 상권 분석과 입지 분석, 자금을 철저히 고려해야 한다. 그리고 반드시 발품을 팔아야 한다. 생물처럼 움직이는 상권의 움직임과 미세한 입지적 차이를 알기 위해서는 이론 공부를 기반으로 현장에서 그 움직임을 포착해 내야 한다. 봐도 모르겠다? 세상에 하루아침에 이루어지는 일은 없다. 아무것도 아닌 것처럼 보여도 그 속엔 무수한 땀과 노하우가 숨어 있다. 보다 효율적으로 상권과 입지를 분석하려면 그 지역 상권에 모이는 사람들의 동선을 유심히 관찰한다. 교통편은 버스 노선을 자주 이용한다. 약속시간보다 조금 일찍 나서 버스를 타면 된다. 하지만 멍 때리지 말고 창밖을 유심히 보자. 분명 안 보이던 게 보이기 시작할 것이다. 작은 습관이 인생을 바꾼다.

전문가 따라잡기

서성수(영산대 부동산자산관리전공 교수)

수익형 부동산은 상가와 오피스텔, 원룸 등 운영소득(임대수익)을 중요시하는 부동산을 칭한다. 토지와 아파트 같은 자본이득(시세차익)을 위주로 하는 부동산과 대비한 관행적 용어다.

수익형 부동산의 투자수익률은 투입 비용 대비 수익으로 추산한다. 투입 비용은 건축(매입) 자금과 운영 과정에서 발생하는 비용이다. 매입 자금엔 각종 세금을 포함한 부대비용이 포함된다. 수익은 추후 매도 때 얻는 매매 차익과 운영 기간 중 운영 소득의 합이다. 수익과 비용을 추산할 땐 돈의 시간적 가치를 고려해야 한다.

가끔 주변에서 듣는 말이 있다. '주식에 5년간 물렸다가 드디어 본전 찾고 조금 이득 보고 팔았다.' 그러고는 후련하다는 표정을 짓곤 한다. 과연 그럴까? 수익률 계산은 두 가지가 있다. 시간적 가치를 고려하지 않는 어림셈법과 화폐의 시간적 가치를 고려하는 할인현금수지법이다. 화폐의 시간적 가치를 고려하는 이유는 간단하다. 10년 뒤의 1억 원과 지금의 1억 원의 가치가 같지 않아서다.

전문가들도 투자 대상에 대한 예비 타당성 분석 때는 어림셈법을 많이 동원한다. 가령, 1억 원 주고 구입해서 5년 뒤에 1억 2천500만 원에 매도했다고 하자. 그리고 그동안 운영비용을 제외하고 매년 500만 원의 월세 수입이 있었다고 치자. 이럴 경우 수익은 총 5천만 원이 된다. 시세 차익 2천500만 원과 5년간 월세 수입 2천500만 원이 그것이다. 수익률로 따지면 원금 1억 원 대비 매년 1천만 원의 수익이 발생하므로 평균 연 10%의 수익이 생긴다고 볼 수 있다. 요즘 같은 저금리 기조에서는 상당히 매력적인 수익률로 보인다.

하지만 엄밀히 따지고 들어가면 사정이 달라진다. 이 수익률은 다양한 함의를 내포하고 있기 때문이다. 1억 원을 국고채나 정기예금 같은 거의 위험이 없는 안전 자산에 투자해도 2~3%의 이자가 생긴다. 이렇게 되면 실제 기회비용을 빼고 얻는 순수익은 7~8%쯤 된다. 더구나 단리로 계산하지 않고 매년 벌어들인 운영 소득에 이자를 붙여 복리로 계산하면 수익률은 또 변한다. 그 사이에 인플레이션이 극심해 물가가 매년 10%씩 상승했다면 명목소득과는 별개로 실질적으로 부동산에서 얻는 수익은 없을 수도 있다. 감가상각이 심한 건물의 경우에는 매매차익은 커녕 매각 시 손실이 발생할 수도 있다.

이처럼 어림셈법은 투자 기간이 장기일수록 오류가 많다. 따라서 투자 전에 철저한 시장 조사를 통해 임대 가능 가격을 산정하고, 예상 투자 기간의 운영 소득의 시간적 가치를 반영한 할인현금수지법을 활용해 수익률을 계산할 필요가 있다. 상대적으로 감가상각이 크고 중간 수리비가 꽤 투입되는 오피스텔이나 원룸이 그렇다. 그걸 간과하면 수익률 착시 현상에 빠질 소지가 높다.

화폐의 시간적 가치? 복잡한 계산식은 몰라도 된다. 스마트폰에 앱을 깔면 정리는 간단하다.

수익형 부동산은 꼬박꼬박 월세 받으며 장기적으로 물가 상승분에 대한 일정 부분의 방어 기능도 갖췄다.

하지만 세상 모든 일이 그렇듯 공짜는 없는 법이다. 장점만 가진 물건도 없다. 그런 게 있다면 아주 예외적인 경우를 제외하고는 시장경제 속성상 이미 가격이 천정부지로 치솟아 있을 것이다.

수익형 부동산도 알고 덤벼야 한다. 아래 유의 사항을 꼭 한 번 되짚고 투자하길 권한다.

1. 과거에 비해 상권이 얼마나 커졌는지 파악한다

부산을 예로 들어보자. 예전보다 지역별 포켓상권이 발달한 상태다. 해운대 신시가지를 비롯해 북구 화명동, 기장군 정관신도시 등이 대표적이다. 상권 역시 수요 공급의 이론이 원칙적으로 적용된다. 소비력이 동일하다면 상권 확대는 기존 상권의 매출을 잠식할 수밖에 없다. 새 상권이 활성화되고 기존 상권이 쇠퇴할 경우, 상가투자자나 창업자는 개인이 제어할 수 없는 위험에 노출된다.

2. 소비 패턴 변화와 대기업의 골목 상권 침투를 대비한다

최근 온라인 판매가 급증하는 추세다. 자연히 오프라인 상가의 미래는 갈수록 불투명하다. 또한, 대형마트의 성장세가 꺾였다고는 하나 아직까지는 대기업 계열의 대형마트가 도심 요지를 차지하고 배달 서비스까지 담당하는 형편이다. 골목 상권을 노리는 대기업의 프랜차이즈 공세도 간과해선 안 된다. 프랜차이즈 업체가 진출하기에 적합하지 않은 점포는 어려움을 겪을 수 있다.

3. 동일 상권 내 상가 공급 절대량을 확인한다

불과 10년 전만 해도 상가 건물 공급량이 부족했다. 지하층 상가에서도 영업이 곧잘 됐다. 그러나 지금은 완전히 달라졌다. 건물은 고층화되고 소비자의 안전 의식이 높아졌다. 지하층 영업은 이제 쉽지 않다. 공급량이 늘면서 벌어진 현상이다. 동일 건물이라도 경쟁력이 떨어지는 입지부터 도태된다.

4. 건물 하자와 노후화 점검은 빠뜨리면 안 된다

토지와 달리 건물은 감가상각이 심하다. 주거용 부동산보다 세입자가 거주하는 수익형 부동산에서 더 빠르게 나타난다. 같은 아파트라도 주인이 10년 동안 살았던 집과 세입자가 10년 동안 거주했던 집은 상태가 상당히 다르다. 제 것과 남의 것의 차이다. 관리 안 되는 원룸이 다른 건물에 비해 빨리 낡는 이치도 그래서다. 오래된 건물은 수리비가 생각보다 꽤 많이 든다. 구조적 결함과 법규 문제로 재건축이나 리모델링이 여의치 않은 건물도 적잖다.

5. 자영업자 비중과 인구 연령대 변화에 주목한다

자영업자 비중은 경기에 따라 부침이 있다. 우리나라는 경제 규모가 비슷한 나라에 비해 정도가 더 심하다. 창업자 중엔 퇴직 후 재취업할 곳을 찾지 못한 베이비부머가 많다. 하지만 N포세대로 대변되는 청년들은 비정규직에 머물며 소득이 불안정하다. 고령화로 인한 소비 축소 경향으로 인해 영업소득과 임대수익률이 장기적으로 감소할 가능성이 크다.

이는 공실 위험으로 이어진다.

6. 현재의 수익률은 함정이다

수익은 지속성이 중요하다. 사람은 대개 현 상황으로 모든 걸 판단한다. 가령, 이런 식이다. 여기 매도 물건 두 종류가 있다. 가격이 비슷한 A와 B 건물이다. A는 공실이 없다. 수익률도 10%를 넘는다. B는 공실도 몇 개 존재하고 수익률도 7% 수준이다. 매수자라면 대부분 A에 쏠린다. 그러나 시장 조사 결과 다른 정보가 입수된다. A 주변엔 신축 원룸 인허가가 수두룩하고, B 주변은 원룸 몇 개가 재개발로 철거될 예정이란다. 이제 상황이 역전됐다. B는 주변 원룸 감소로 공실 위험이 확 준다. 임차료 인상으로 수익률 증가도 기대된다. 재개발이 끝나면 동네 인프라 개선으로 가격 상승이 예상된다. 그러나 A는? 새로 지을 원룸과의 경쟁을 위해 월세를 낮출 수밖에 없다. 수익률이 감소할 공산이 크다. 공실 위험 또한 높다. 수익률과 관련해 주의해야 할 사항이 있다. 수익형 부동산은 수익률과 매매가가 상관관계다. 따라서 각종 편법이 동원돼 매수자를 현혹시킨다. 단기임대차 계약을 통해 수익률을 인위적으로 끌어올린 후 매각하거나, 전 소유자와 임차인이 협의 하에 시세와 부합하지 않는 임대차 계약을 체결해 놓고는 소유자가 바뀌면 재계약 의사가 없음을 밝히는 식이다. 수익형 부동산 매입 전에는 반드시 주변 임대시세를 꿰고 있어야 한다.

7. 상가건물임대차보호법 등 각종 임차인 보호 법률 변화를 염두에 둔다

2015년 5월 상가건물임대차보호법이 개정됐다. 대항력과 권리금 규정

신설 등 임차인에게 유리하게 바뀌었다. 사회 전체적으로 봤을 때는 바람직한 방향이다. 그러나 상가건물 투자자 입장에서는 부담스러운 조치다. 앞으로도 상가 임차인 보호는 강화될 전망이다.

8. 월급쟁이만 유리알 지갑이 아니다

중요한 건 세전소득이 아니라 세후소득이다. 예전엔 임차인과 다운 계약서를 작성해 임대 소득을 축소 신고했다. 절세를 노린 행동이었다. 하지만 이는 불법 탈세다. 요즘은 시대가 변해 이런 탈세가 힘들어졌다. 다운계약서 관행에 젖었다면 임차인에게 약점 잡혀 험한 꼴 보기 십상이다. 정확한 소득 신고와 세금 납부는 기본이다. 종합소득세나 국민건강보험 등을 따져 수익률을 계산해야 한다. 임대 소득도 점점 유리알 지갑으로 변하는 중이다.

9. 앞으로 남고 뒤로 밑지는 장사는 안 된다

단기간의 운영 소득은 기대할 수 있지만 장기적 운영 소득이나 시세차익을 기대하기 힘든 수익형 부동산이 의외로 많다. 지금 상권이 번성해도 미래는 알 수 없다. 상권은 생물과 같다. 당장 몇 년 뒤를 장담하기 어렵다. 상권 변화를 미리 예측하는 기법이 적잖지만 변수가 도처에 깔렸다. 상권 분석을 잘하기 위한 지름길은 없다. 오랜 경험으로 얻은 촉(?)과 이론적 배경에 근거한 철저한 시장 조사뿐이다. 혹자는 현재 우리나라에 소개된 상권 분석 이론을 들이민다. 그러나 이 이론은 외국 것이 대부분이다. 태생적으로 다른 외국 상권과 입지 분석 이론을 무차별적으로 도입해선 곤란하다. 특히 상권과 입지 분석은 아주 사소한 게 큰 차이를 발생시킨다. 유동 인구가 아무리 많아도 모이는 자리와 지나가는 자리가 있다. 이걸 이론적으로 설명하는 건 무모하다. 오랫동안 동선을 관찰하고 행인의 보행 속도와 시선까지 고려하는 종합적인 판단이 요구된다.

10. 빅데이터를 활용하자

정보화 시대다. 현장 가서 발품 들이는 아날로그 방식도 필요하지만 시대 흐름에 맞춰 빅데이터 정보를 잘 다뤄야 한다. 20년 전 인공지능 슈퍼컴퓨터가 체스 챔피언을 이겨 뉴스가 됐다. 당시 바둑인들은 바둑만큼은 컴퓨터가 인간을 이기기 힘들다 여겼다. 하지만 2016년 3월 구글이 개발한 알파고가 이세돌 9단을 눌렀다. 인류의 충격으로 받아들여졌다. 인간의 패배는 아니지만 복잡한 바둑을 컴퓨터가 이겼다는 사실은 섬뜩한 기분이다. 컴퓨터가 앞으로 인간의 사고 체계까지 습득할지 인공지능 비전문가인 필자는 알 도리가 없다. 다만 분명한 건 컴퓨터의 연산 능력을 충분히 활용할 필요가 있다는 점이다. 정보처리 분야를 모르고서는 생존할 수 없는 시대다. 부록 편에 수록된 다양한 통계정보 사이트와 GIS(지리정보시스템)에 익숙해지길 권한다. 부산시청의 도시서비스 분석시스템(sgis.busan.go.kr)이 특히 유용하다. 부산 상가 투자나 창업에 관심이 있다면 이 시스템을 충분히 숙지하길 바란다.

chapter 05

부동산 시장 흐름

〈2015년 12월 24일 부산일보 17면 보도〉

부산 분양시장 열기 한풀 꺾이나

뜨겁던 부산 분양시장에 경고등이 켜졌다.

과잉 공급론 속에도 '묻지 마 청약'에 가까운 이상 열기를 보였던 시장이 한풀 꺾이는 조짐이 곳곳에서 드러나면서 조기 완판 행진 속도가 늦춰지는 양상이다. 지난 4월 분양가 상한제 폐지 후 집값이 뛴데다 가계대출 규제와 금리 인상 우려가 복합적으로 작용한 결과로 풀이된다.

(…)

부동산업계에서는 계절적 비수기 영향도 있겠지만 전반적으로 부산 분양시장이 약세로 전환되는 신호로 해석하는 분위기다. 몇 년간 과열된 시장이 조정 국면에 들어서는 단계라는 것. 여기에 지난 14일 금융당국이 주택담보대출 여신심사 강화를 골자로 한 '가이드라인'을 발표해 부동산 투자 심리가 타격을 받았다.

(…)

내년 사업을 준비 중이던 주택건설업계도 고민에 휩싸였다. 분양가 재조정과 사업 확대 재검토 등 대책을 마련 중이다. 부산의 한 중견 건설사 대표는 "부산과 함께 올해 분양 시장의 열기를 이끌었던 대구 쪽도 냉각기에 접어드는 징후가 나타났다"면서 "앞으로는 옥석을 가린 투자가 예상돼 분양 단지의 양극화 현상이 심화될 소지가 있다"고 내다봤다.

31

투자는 타이밍

부동산 공부에 입문한 지 10개월이 다 되어 가는 왕초보 씨. 분양 시장부터 재개발·재건축, 상가까지 쉼 없이 공부했지만 어딘지 모를 막연함이 가슴 한쪽에 남아 있다.

고 대리에게 이런 답답함을 호소하자 전문가 한 명을 소개해 준다. 부동산시장 분석가 김 대표다.

다음 날 김 대표와 만난 왕초보 씨. "지금 어디에 투자하는 게 좋을까요?" "다양하게 공부했는데도 막상 투자하려니 감이 안 오죠? 당연합니다. 그동안 공부한 걸 종합하기 전 한 가지가 더 필요하거든요. 바로 부동산 시장 흐름입니다."

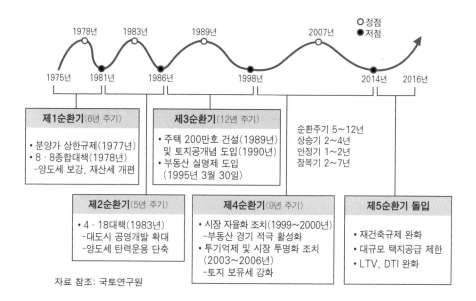

우리나라 부동산시장 순환구조 및 주요정책

○ 정점
● 저점

1975년 1978년 1981년 1983년 1986년 1989년 1998년 2007년 2014년 2016년

제1순환기(6년 주기)
• 분양가 상한규제(1977년)
• 8 · 8종합대책(1978년)
 -양도세 보강, 재산세 개편

제2순환기(5년 주기)
• 4 · 18대책(1983년)
 -대도시 공영개발 확대
 -양도세 탄력운용 단축

제3순환기(12년 주기)
• 주택 200만호 건설(1989년)
 및 토지공개념 도입(1990년)
• 부동산 실명제 도입
 (1995년 3월 30일)

제4순환기(9년 주기)
• 시장 자율화 조치(1999~2000년)
 -부동산 경기 적극 활성화
• 투기억제 및 시장 투명화 조치
 (2003~2006년)
 -토지 보유세 강화

순환주기 5~12년
상승기 2~4년
안정기 1~2년
잠복기 2~7년

제5순환기 돌입
• 재건축규제 완화
• 대규모 택지공급 제한
• LTV, DTI 완화

자료 참조: 국토연구원

왕초보 씨가 되묻는다. "부동산은 세부적인 권리나 현장이 더 중요하지 않습니까?" "물론이죠. 그러나 투자는 좋은 타이밍 잡기가 출발점입니다. 그래서 전반적인 시장 흐름을 알아야 해요. 대부분의 투자자는 시장 과열 상태에서 뛰어들곤 합니다. 알다시피 집값이 급등할 때 투자하는 건 상당히 위험해요. 시장은 늘 흐름을 가지고 있기 때문입니다. 오를 때가 있으면 내릴 때도 있기 마련입니다. 불변의 진리죠. 주식 시장에 이런 말이 있어요. 무릎에 사서 어깨에 팔아라. 부동산에도 통용되는 경구입니다.

왕초보 씨, 투자에 성공하고 싶으시죠?"

왕초보 씨의 실소. "물으나 마나 그렇죠." "자, 그럼 이제부터 시장의 흐름을 파악하는 것에 대해 얘기해 보죠." 김 대표의 설명이 계속된다.

우리나라에서 부동산 시장을 가장 크게 좌우하는 아이템이 뭘까. 바로 아파트다. 아파트가 크게 오르고 나면 상가와 토지, 건물이 같이 움직이거나 시간차를 두고 들썩이게 된다.

예를 들어 보자. 재고 아파트 가격이 상승하면 분양시장이 호황세를 맞이하고, 이어 재개발·재건축 현장의 인기 급등으로 이어진다.

다음과 같은 이유 때문이다. 재고 아파트 가격이 오른다는 건 그만큼 수요자가 늘어나고 있다는 얘기다. 이때는 신규 아파트로 갈아타려는 수요자도 증가한다. 해서 새롭게 분양하는 아파트의 인기가 높다.

이렇게 분양이 잘되다 보면 더 좋은 입지의 아파트를 찾게 된다. 그게 재개발·재건축 사업장들이다. 이들 사업장은 40년 이상 된 구도심에 자리해 조금만 개발돼도 교통과 교육 등 기본 인프라 조건이 좋아지는 장점이 있다.

왕초보 씨의 짧은 탄성. 그렇구나, 시장 흐름을 생략한 채 단편 지식만으로 덤비니 막막했던 거구나.

"이렇게 시장 흐름을 몸으로 익힌 후 각각의 부동산 특성을 알고 투자하면 성공할 수 있어. 왕초보 씨는 열심히 부동산 공부해 왔으니 앞으로는 아파트 시장 흐름을 배워 보자고. 준비는 됐지?" 또 한 발을 내딛게 된 왕초보 씨의 표정이 밝다.

32

지역별 평형별
시장 흐름

"자, 계속해 볼까. 왕초보 씨, 지금 부산 아파트 시장의 특징이 뭐라고 생각해?" 부동산 분석가 김 대표가 왕초보 씨에게 질문한다. "신규 아파트 집값은 계속 오르고 분양 시장이 호황입니다." "그렇지. 그런데 한 가지 빠진 게 있어. 요즘 재건축 아파트가 강세로 바뀌었거든. 이런 흐름은 불과 두서너 달 전부터 시작됐어. 웬만한 투자자도 잘 알지는 못하지. 왜 이런 현상이 나타났을까?"

왕초보 씨가 말꼬리를 흐린다. "분양이 잘돼서…." "물론, 그 점도 작용했지. 하지만 더 세부적으로 봐야 이런 현상을 이해할 수 있어. 현재의 시장 움직임은 과거의 결과야. 그 말은 지금 벌어지는 현상을 잘 알면 미래를 예측할 수 있는 뜻이지."

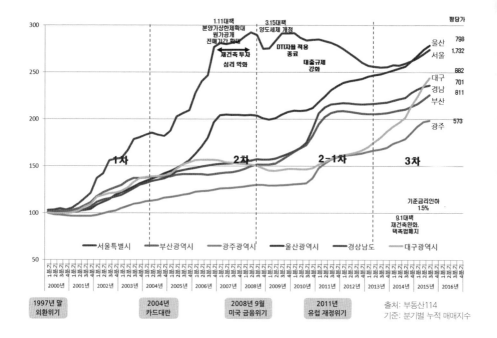

호흡을 가다듬던 김 대표가 설명을 잇는다. 이런 얘기였다.

과거 시장을 살펴보자. 우선 2008년 글로벌 금융위기. 그 이후 미국 집값이 폭락했고 그 영향은 서울 집값 하락으로 이어졌다. 그런 상황에서 부산뿐만 아니라 지방의 집값이 오를 것이라고 보는 예상은 아무도 못했다.

그런데 부산과 경남을 중심으로 집값이 서서히 오르기 시작했다. 결국, 2011년엔 폭등에 가까운 상승세를 보였다. 집값이 뛴 시발점은 2009년 3월 시작된 3주택자에 대한 양도세 일반과세 적용이었다. 여기서 눈여겨봐야 할 게 3주택자다. 돈을 꽤 가진

chapter 05

사람이 투자하면서 부산 집값이 상승했다는 말이다. 글로벌 금융위기 이전까지는 양도세를 중과했다.

아파트 평형 선호도에도 변화가 나타난다. 양도세 중과 때는 '똘똘한 한 채'가 중요했다. 잘 사서 큰 양도차익을 남겨야 했고 대형 평형대 고가 아파트가 인기였다. 그러다 일반과세로 전환하면서 '잔잔한 여러 채'가 부각됐다. 이 때문에 소형 평형대 아파트 수요가 급증했다. 하지만 글로벌 금융위기 이전엔 대형 위주 공급이 주를 이뤄 소형 평형대는 막상 부족했다. 자연히 소형 위주의 집값 폭등이 이뤄졌다. 대신에 같은 시기에 대형과 중형 신규 아파트는 집값 변동이 별로 없었다.

그런 흐름 속에서 2014년부터 시장이 약간 변한다. 중형 평형대의 신규 아파트가 인기다. 기존의 노후 아파트 값이 많이 올라 신규 아파트와의 가격 차이가 상당히 좁혀져서다. 이러니 분양 시장이 좋을 수밖에 없다. 재건축 아파트 시장도 마찬가지다.

"아~." 왕초보 씨의 긴 탄성. 그리고 느낌이 왔다. "이런 흐름을 일찍 알았다면 분명 남보다 한발 더 빠르게 투자할 수 있었겠네요." "아직도 늦은 건 아니야. 다음 시간엔 더 멀리 가 볼까?"

"넵." 왕초보 씨 답변이 경쾌하다.

33

수도권 VS 지방

"왕초보 씨, 지난번엔 2008년 글로벌 금융위기 이후의 부산 집값을 살펴봤지. 오늘은 그전 시장 상황을 짚어볼까. IMF 시절 기억하지? 그때는 모든 자산 가치가 폭락하면서 우리나라 경제가 올 스톱 됐지. 정부는 내수를 살리기 위해 5차례 이상의 각종 부양책을 쏟아냈고 그건 부동산에 날개를 달아줬지."

맥주잔을 앞에 놓은 부동산 분석 전문가 김 대표가 또 열변을 토한다. 왕초보 씨는 놓칠세라 그 말을 노트에 받아 적는다. 이런 내용이었다.

부양책까지는 좋았다. 그러나 그 일환이었던 신용카드가 문제였다. 신용카드 사용 남발로 2004년 카드 대란이 발생한다. 회복 조짐이었던 국내 경제도 침체된다. 하지만 그때까지만 해도 전국의 모든 아파트 값이 올랐다. 특히 서울과 경기와 인천, 그러니까 수도권이 그랬다. 당시 서울 재건축아파트는 하루 사이에 몇천만 원이 뛸 때였다. 자연히 지방의 자산가들이 몰렸고 서울 강남 아파트를 사들였다. 집값이 최고였던 시기가 2007년. 부산과 서울 아파트 가격 차가 평균 3배까지 벌어졌다. 2000년대 초만 해도 두 지역 간 가격 차는 1.5배 수준에 불과했다.

수도권의 호시절도 오래가지는 못했다. 4~5년간 폭등하던 집값은 글로벌 금융위기를 맞으며 서서히 하락했다. 그런데 이때 아이러니한 현상이 벌어진다. 전 세계 집값이 하락하고 서울도 떨어지는데 부산을 비롯한 지방의 집값은 오르기 시작한다. 그 후의 전개는 생략하자. 왕초보 씨가 지난주 들었던 바로 그 얘기였다.

"그렇다면 지방은 계속 오를까." 김 대표의 질문. "그렇지는 않겠죠." "그래, 대부분의 사람이 자신의 전 재산과도 같은 부동산을 너무 감성적으로 대하고 있어. 그렇다 보니 많이 올랐을 때 사고, 많이 떨어졌을 때 파는 걸 반복하거든. 실패는 그런 패턴으로 이뤄지지."

김 대표는 향후 집중적으로 움직일 시장으로 수도권을 꼽았다. "요즘 들어 수도권 전세 가격이 급등하잖아. 그게 하나의 징후로 보여. 아파트가 이렇게 오르고 나면 다음엔 보조 주거형태인 단독주택과 다세대 주택 가격이 올라. 그 후엔? 주택 신축 수요가 증가해 도심지의 토지 가격이 상승하지. 물론, 교통이 좋은 역세권부터 오름세를 보이다 외곽으로 퍼져가겠지."

우리나라 아파트 시장 역사를 개략적으로 배운 왕초보 씨. 시장 흐름이 뚜렷하게 다가온다. "앞으로는 수도권이 시장의 척도가 되니 투자지역을 그쪽으로 잡는 게 안정적이겠군요?" "글쎄, 몇 가지 더 알아야 할 게 있어. 집값에 영향을 미치는 구조야. 그것까지 듣고 나면 판단이 설 거야." 김 대표가 맥주 한 모금을 들이킨다.

34

시장 흐름을 만드는
부동산 대책

"왕초보 씨, 이런 시장 흐름을 만드는 두 가지 요소가 뭘까?"

부동산 분석 전문가 김 대표의 물음에 한참 고민하던 왕초보 씨. "금리 아닌가요?" "물론 그 영향도 크지만 그보다 더 중요한 게 있지. 정부의 부동산 대책과 공급물량이야. 그걸 한번 따져볼까?"

우리나라 경제에서 부동산(건설) 시장은 GDP의 17%를 차지한다. 인테리어와 부동산 중개, 이사까지 포함하면 30%에 이른다. 경기가 침체하면 정부는 적극적으로 부동산 부양책을 내놓는다.

반면 주택 시장이 과열되면 정부가 또 나선다. 주택은 국민 주거 복지 측면에서 안정화가 필요해서다. 이 때문에 정부는 부동산 시장에 개입해 시장의 흐름을 바꾸곤 한다. 시장 과열 땐 규제책을, 시장 침체 땐 부양책을 거쳐 경기 회복을 유도하는 것이다. 결국 시장은 반복적으로 오르락내리락하는 현상이 나타난다. 이게 흐름이다.

부동산활성화대책

구분	주요정책	내용
1980	경제활성화대책(9.16)	양도세 5~20% 이하 대단위 서민주택 건설
	부동산경기 활성화대책 (12.13)	양도세 탄력세율 도입
1981	주택경기활성화 조치 (6.26)	양도소득세 완화 분양가 통제 일부 해제
1982	부동산 등 당면경제대책(1.14)	양도세 탄력세율 적용 시한 연장 주택자금지원 및 주택금융개선 주거지 토지형질변경 제한 완화
	경기활성화대책(5.18)	취등록세 30% 감면 미분양 주택 공급대상 확대
1985	고용 안정 및 주택건설 촉진방안(9.5)	공공과 민간의 토지 공동개발 유도 분양가 지역별 차등제 건축규제 완화, 주택금융확대
1986	주택경기 촉진방안 (2.12)	1가구2주택 양도세 면제기간 연장(1.6년 →2년) 국민주택기금 지원대상 확대

1998	주택경기활성화대책 (5.22)	분양가 자율화, 양도세 한시 면세 토지거래 허가-신고제 폐지 분양권 전매 한시 허용
	주택경기활성화자금 지원방안(6.22)	분양 주택 중도금 대출 재개발 사업 기금지원
	건설산업활성화 방안 (9.25)	중도금 추가지원 민영주택 분양가 자율화
	건설 및 부동산경기 활성화대책(12.12)	민영주택 분양가 추가 자율화 양도세 한시감면 범위 확대
1999	주택경기활성화조치 (3.22)	재건축 가구 2000만 원 자금 지원
	주택건설촉진대책 (10.7)	민영청약 자격 완화, 재당첨 제한 폐지 청약예금-부금 취급기관 다변화
2000	주택건설촉진대책(7.1)	국민주택기금 지원대상 확대
	건설업 활성화 및 구조 개편 촉진대책(8.29)	주택 구입 시 양도세 감면 임대주택 시장 활성화
	지방건설활성화방안 (11.1)	천안, 대전, 목포 3개 지역 신시가지 조성 비수도권 신축주택 양도세 면제 주택채권 매입부담 감면, 취·등록세 감면
2001	건설산업구조조정 및 투자적정화방안(5.23)	신축주택 구입 시 양도세 한시 면제 국민주택 규모 취등록세 한시 감면
2008	지방미분양대책(6.11)	지방 미분양 취등록세 1% 완화, LTV 규제완화 일시적 1가구2주택 기간을 2년으로 확대
	부동산활성화대책 (8.21)	수도권 전세제한 기간 완화, 재건축규제 합리화 분양가 상한제 개선
	세제개편안(9.1)	양도소득세(9~36%→6~33%) 인하 상속증여세 세율 인하, 중소기업 가업 상 속 공제 40%(최대 100억 원) 확대

2009	경제활성화 지원 세제 개편안(3.13)	다주택 보유자 양도세 중과제도폐지
	양도세 중과 폐지 한시 적용(5.1)	2주택자 및 3주택자, 비사업용토지 2010년 12월 31일까지 기본세율 적용
2010	금융세제지원 및 건설사 유동성 지원(8.29)	2010년 3월 말까지 DTI 자율조정(투기지역 제외, 9억 원 이하), 다주택자 양도세 중과 완화 2년 연장, 보금자리 물량축소 및 연기
2012	주택거래정상화 및 서민 주거안정(5.10)	강남3구 투기지역 해제(LTV, DTI 40 → 50%), 분양권 전매제한 기간 완화, 민영주택 재당첨 폐지, 보금자리론 지원대상 및 한도확대
	경제활성화대책(9.10)	양도세 감면(2012년 말까지 미분양 취득 시 5년간 양도세 면제) 취득세 추가 감면(2.4%→1.2%)
2013	부동산종합관리대책 (4.1)	양도소득세 한시 감면(취득 후 5년간 양도세 전액 면제, 5년 이후 차액과세) 다주택자 양도세 중과 폐지(2년 내 단기 양도 40% → 기본세율)
2014	대출 비율 완화(7.24)	주택 담보대출 인정 비율 완화(LTV) 70% 총부채 상환비율 완화(DTI) 60%
	주택 시장 활력 회복 및 서민 주거안정 강화 (9.1)	재건축 연한 완화(최장 40년 → 30년) 재건축, 재개발 임대주택 비율 완화 대규모 공공택지 지정 중단(3년간)
	부동산 3법 통과 (12.29)	민간 택지 분양가 상한제 폐지 재건축 부담금 부과 유예기간 3년 연장
2015	기준 금리 인하	3월 12일 기준 금리 2% → 1.75% 인하 6월 11일 기준 금리 1.75% → 1.5% 인하

1970년대에는 수도권 개발이 한창 진행됐다. 토지 투자가 과열 양상을 띠었다. 정부는 토지 양도세와 재산세를 강화한다. 1980년대에는 주택 부족 현상이 나타났다. 자연히 택지 공급 확대와 신도시 건설 투자가 기승을 부렸다.

이에 정부는 종합토지세와 토지 공개념 3법을 도입한다. 투기 억제책이었다. 그러다 주택 200만 호 건설로 인해 시장이 침체되자 다시 부양책을 발표했다.

1990년대 후반 IMF 사태가 터졌다. 분양가 자율화와 전매 허용, 양도세 한시 면제, 중도금 지원, 재건축아파트 자금 지원 등 부양책이 쏟아졌다. 시장 회복이 급해서였다.

2000년대에는 재건축아파트 가격 상승 폭이 커지면서 재건축 관련 규제가 무더기로 나왔다. 투기 자본이 난리를 쳤다. 그러자 2007년 1월 분양가 상한제와 원가 공개, 담보대출 제한, 전매 제한 조치가 떨어졌다. 재건축아파트 상승세가 꺾이는 계기였다. 그 무렵 글로벌 금융위기가 찾아온다. 정부는 그 이후부터 줄곧 부양책을 내놓고 있다.

"왕초보 씨, 이처럼 부동산 시장 움직임과 궤를 맞춰 대책이 발표돼. 그런데 한 가지 숙지할 게 있어. 부동산 대책으로 부동산 가격이 직접적으로 떨어졌던 경우는 한 번도 없었어. 아무리 강한 규제책이 도입돼도 부동산 시장은 관망세를 보이지. 가격이 하락하지는 않아. 그런데 부양책은 대부분 효과가 있었어. 참, 이상하지. 그래서 시장 흐름을 만드는 두 번째 요소가 등장해." 그게 공급물량이란다. 아파트 공급이 수요보다 많으면 정부 부양책도 백약무효란다.

왕초보 씨가 김 대표 쪽으로 의자를 당겨 앉는다.

35

공급 물량과 동맥경화

집으로 돌아온 왕초보 씨는 정리노트를 펼친다. 부동산 분석 전문가 김 대표가 들려준 말로 빼곡하다. 다음 내용들이다.

부동산 정책보다 더 중요한 변수가 있다. 바로 공급 물량이다. 입주 물량이라고 하는 게 정확하다. 우리나라에선 아파트 공급이 대부분 선분양이다. 분양과 입주 시점에 시간차가 발생한다.

그런데 분양과 입주, 이 두 가지 중 시장에 영향을 미치는 건 사실 후자다. 분양은 예매권에 불과하다.

예를 들어보자. 영화 볼 때 표를 예매한다. 그래야 상영시간에 맞춰 움직일 수 있다. 부동산도 마찬가지다. 새 아파트를 장만하려면 견본주택 보고 청약하고 분양받는다.

부산 아파트 시장 흐름

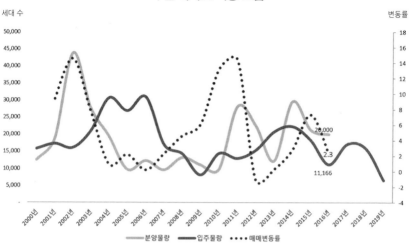

세대 수

변동률

28,000

2.3

11,166

분양물량   입주물량   ●●●● 매매변동률

　　그러나 분양했다고 이사하는 건 아니다. 새집으로 이사하려면 2~3년이 흘러야 한다. 이 과정에서 기존에 살던 집이 쏟아진다. 공급 물량이 쏟아지니 자연히 집값이 내려간다.

　　우리나라에서 대량의 아파트 공급이 이뤄진 때가 있었다. 1989년이다. 주택 200만 호 건설이 발표됐다. 입주는 1991년부터였다. 집값이 하락했다. 경제 위기를 빼고 인위적으로 집값이 떨어진 건 이때가 거의 유일하다. 하긴 그 덕분에 해운대 신시가지가 조성되기도 했다.

　　2000년대 들어선 형편이 달라진다. 2004년 카드대란 후 수도권 집값이 급등한다. 반면 지방은 꼼짝하지 않았다. 입주 물량 때문이다.

부산을 한번 보자. 2002~2003년 분양 물량이 카드대란을 겪으면서 제대로 소화를 못한 상태였다. 입주 시기가 되었지만 모두 미분양으로 남게 된다. 이 당시는 물량이 얼마나 많았을까. 2004~2006년 3년간 해운대 신시가지가 하나 더 생겼을 정도였다. 새집에 이사하려는 사람들이 처분하지 못한 기존 주택이 남아돌게 됐다. 집값은 바닥 모르고 내렸다.

이 상태가 2008년 글로벌 금융위기까지 이어졌다. 그런 일을 겪으며 아파트 시장은 다시 에너지를 축적하고 있었다. 시장이 악화되니 분양 아파트가 급격히 줄었고, 이런 상태가 6년쯤 계속 되니 새로 입주하는 아파트가 없어지게 됐다.

이 때문에 아파트 시장에 동맥경화 현상이 나타난다. 신규 아파트가 있어야 기존 주택을 매매하거나 전세로 임대할 수 있는데, 그게 안 되니 신혼부부들이 전세 구하기가 너무 어려워졌다. 그 결과로 2009년부터 집값 급등이 시작됐다.

왕초보 씨 노트엔 오늘 배운 걸 한마디로 요약한 문장이 적혔다. '아무리 좋은 부동산 정책이 있더라도 공급 물량이 많다면 그 가치가 바뀐다.'

36

전세 시장과 매매 시장

"오늘은 전세 시장에 대해 알아볼까?" 부동산 분석 전문가 김 대표가 왕초보 씨를 앉혀놓고 또 한 차례 강의를 시작한다.

전세 제도는 우리나라에만 존재한다. 조선 시대 후기로 거슬러 간다. 이후 명맥을 유지하다 1970년대 본격적으로 정착됐다. 당시 개발이 본격화돼서다.

전세는 일정 금액(보증금)을 내고 집을 임대하기 때문에 사실상 무이자 대출과 같다. 임차인 입장에선 집 비울 때 원금을 회수해 안정적이다. 임대인 입장에선 금리가 높을 때 보증금을 다른 데 투자할 수 있어 유용하다. 하지만 지금처럼 초저금리 기조가 지속되면 사정이 달라진다. 임대인이 전세보다 월세를 선호

서울 매매 전세 비율

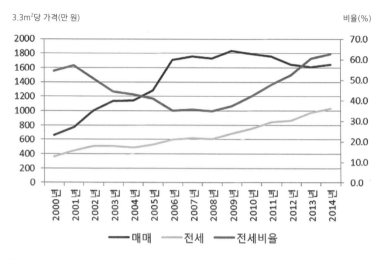

3.3m²당 가격(만 원)   비율(%)

범례: 매매 ─── 전세 ─── 전세비율

한다. 그래서 서울 전세 가격이 급등하는 양상이다. 여기에 공급
부족도 한 원인이다. 그러나 변수가 있다. 입주 아파트 물량이
다. 물량이 대폭 늘면 월세는 다시 전세로 바뀐다. 이 주기가 반
복되는 게 전세 시장이다. 그렇다면 앞으로 전세는 없어질까. 단
언컨대 어렵다.

　이런 전세 시장이 왜 중요할까. 수요 문제 때문이다. 우리나라
매매 가격 대비 전세 가격 비율은 평균 65%다. 이 수치를 넘으
면 전세로 살다 매매로 갈아탄다. 글로벌 금융위기 이전까지 매
매 가격과 전세 가격 차는 그리 크지 않았다. 따라서 언제든 마
음먹으면 갈아탔다. 여기서 주목할 게 있다. 그 마음먹는 시기가

바로 집값 오를 때라는 점이다. 서울은 2005~2006년이, 부산은 2002~2003년과 2010~2011년이 그랬다.

전세를 찾는 사람은 크게 두 부류다. 집 살 형편이 안 되는 쪽과 집값이 오르지 않을 것 같아 전세를 찾는 쪽이다. 모두 나름의 이유를 가졌다. 그러나 두 쪽 다 집값이 오를 징후가 보이면 대개 집을 산다. 그래서 전세 시장 흐름이 아파트 시장을 예측하는 지표로 기능한다.

"왕초보 씨, 2015년 하반기부터 서울 전세 가격이 급등하는 이유가 뭘까?" "공급 부족입니다." "그래, 하지만 직접적인 원인은 다른 데 있어. 그동안 서울 전세 가격이 전혀 오르지 않았기 때문이야. 2005~2007년 서울 집값은 2.5배쯤 올랐어. 그런데 전세 가격은 변동이 없었지. 2000년 초반 서울 전세 비율은 60%를 웃돌았지만 2007년엔 그 비율이 35%까지 떨어졌어. 전세 가격이 하락한 게 아니라 매매 가격만 올라서야. 전세 가격이 한동안 너무 쌌다는 말이지. 이제 서울 전세 가격이 정상 가격을 찾아가는 길이야. 거기에 공급까지 부족해. 그다음은 어떻게 될까?"

왕초보 씨가 확신에 차 답한다. "당연히 집값이 오릅니다."

37

돌고 도는 집값

이사 철 서울 전세 아파트 가격 급등. 아침 신문 헤드라인이다. '집값 오르기 전에 전세 가격이 먼저 상승한다고 했는데… 걱정이네.' 부동산 분석 전문가 김 대표 말을 떠올린 왕초보 씨. 갑자기 궁금한 게 생긴다. 그나저나 아파트값은 어떻게 움직일까. 왕초보 씨가 안부 물을 겸 모처럼 김 대표에게 전화를 건다. "좋은 질문이야. 유선 강의도 괜찮겠지?" "상관없습니다." 왕초보 씨가 부동산 노트를 가져와 메모한다. 설명은 이랬다.

전세뿐 아니라 아파트 가격이 움직이는 데는 몇 가지 특성이 있다. 우선 이사 때 가장 먼저 고려하는 걸 한번 따져보자. 대개 역세권과 교육 환경이다. 그러나 둘 중 어떤 게 더 중요할까. 자녀를 둔 학부모라면 답은 뻔하다. 바로 교육 환경이다. 이사 주기도 교육과 연관이 깊다. 우리나라 평균 이사 주기는 6~7년. 자녀가 미취학일 때, 초등학교 졸업 후, 중·고교 졸업 후 한 번씩 이사한다.

다음은 우리나라 주택 중 아파트 비중을 짚어보자. 55% 안팎이다. 그리고 노후 아파트보다 새 아파트 선호도가 높다. 이런 게 아파트 가격에 반영된다. 그래서 아파트 분양가는 항상 주변 기존 아파트보다 높을 수밖에 없다. 신규 아파트 가격이 주변 아파트의 새로운 기준이 된다.

평형대도 가격 형성의 한 요인이다. 같은 단지라면 중소형 평형대가 대형 평형대보다 값이 더 비쌀 수 없다. 요 몇 년 중소형 집값이 많이 올랐지만 총액으로는 절대 대형을 넘어서기는 불가능하다. 이런 상황에서 중소형이 급상승해 대형과의 가격 차가 줄었다면? 비슷한 가격에 좀 더 큰 평형대에 거주하려는 욕구가 강해진다. 이른바 대형 갈아타기다. 그런데 이런 일은 전세 가격에서 먼저 나타난다.

"왕초보 씨, 도시마다 동네 간 아파트 가격 차도 늘 존재해. 부산을 예로 들어볼까. 해운대구와 부산진구, 사상구는 나름대로 가격 격차를 유지하면서 움직여. 만약 사상구 집값이 오르면 부산진구, 해운대구 순서로 집값이 상승한다는 얘기지. 그리고 그 폭은 원래 유지됐던 만큼이야." 일종의 가격 균형이다. 하지만 이런 작동 원리를 무시하는 게 있다. 신도시나 신시가지다. 북구 화명

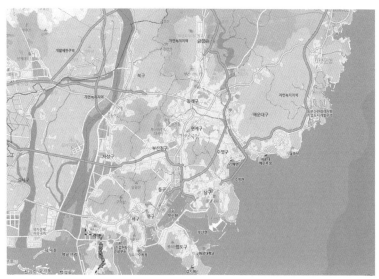

출처: 네이버

동 신시가지가 그렇다.

　왕초보 씨가 김 대표 말을 종합해 정리한다. '지역 간 가격 균형을 염두에 넣고 부동산 투자를 한다. 교육 환경 좋은 새 아파트는 동네 집값을 견인한다. 역세권이면 상승 폭은 더 커진다. 동일한 단지에선 중소형이 오름세면 대형도 같은 길을 밟는다. 이때 전세 가격이 먼저 뛴다.'

38

시장 흐름 복습 노트

"앞으로 투자할 때나 내 집 마련할 때 늘 전체적인 시장 움직임을 주시해. 그래야 실패하지 않아. 그리고 집에서 그동안 공부한 걸 혼자서 분석하고 숙지해 봐."

얼마 전 부동산 분석 전문가 김 대표가 왕초보 씨에게 준 조언이다. 가을바람 선선한 휴일 아침, 왕초보 씨는 정리 노트를 꺼내 복습을 시작한다.

첫째. 부동산 가격이 오르지 않았거나 하락한 동네가 있다면? 앞으로 값이 오를 여건을 갖춘 셈이다. 이게 중요한 포인트다. 그런데 다른 동네 부동산만 오르고 상대적으로 가격차가 더 벌어진다면? 시간이 흐르면서 저평가된 가치가 더 매력적으로 부각된다. 예를 들어 보자. 해운대구 집값이 많이 올랐다. 그러나 사상구는 큰 변동이 없었다. 향후 사상구의 집값 상승 폭이 커진다는 얘기다.

둘째. 부동산 환경이 악화된다면? 신규 공급 부족현상이 나타난다. 3~5년이 지나면 새 아파트에 대한 수요가 는다. 그리고 임대 가격이 상승한다. 주택시장에서 전세난이라고 표현하는 현상이다. 전세 가격이 뛰면 전세와 매매 거래의 차이가 별로 나지 않게 된다. 해서 매매 전환수요가 폭발적으로 늘어난다. 그러면서 집값이 올라간다. 상가 같은 상업용 부동산도 마찬가지 수순을 밟는다. 새로 나온 물건이 없으니 임대 가격은 지속적으로 올라가고 수익률이 높아진다. 부동산의 가치가 자연스레 상승한다는 뜻이다.

셋째. 개발이 이뤄진다면? 통상 물량 공급 부족은 부동산 가격을 끌어올린다. 하지만 그보다 더 상승 폭을 견인하는 게 개발 호재다. 도로가 확장된다든지, 도시철도가 개통된다든지, 산업단지와 대규모 도시개발사업이 진행된다든지 하는 것들이다. 생활환경이 좋아지고 편의시설이 갖춰지니 집값은 당연히 오른다.

넷째. 정부 정책이 변한다면? 일반적으로 보유세와 양도세에 대한 직접 완화 대책이 쏟아지면 집값은 천정부지로 뛴다.

그러나 무조건 그런 건 아니다. 앞서 살펴본 조건들이 조성된 상태에서 부양책이 나와야 한다는 점이다. 그렇지 않으면 부양책에도 부동산 시장은 요지부동이다. 2008년 글로벌 금융위기 이후 나온 부양책이 그 사례다. 당시 수도권 집값은 계속 내렸다. 분양시장이 호황을 누리며 집값이 뛰는 요즘도 그런 현상이 나타나는 동네가 적잖다. 세종시와 대전시가 대표적이다. 이 동네는 집값이 별로 오르지 않는다.

"여보, 뭘 그렇게 골똘히 생각해요?" 왕초보 씨 부인이 차를 들고 온다. "배운 걸 복기해 봤어."

전문가 따라잡기

이영래(부동산서베이 대표)

자본주의 시장에서는 모든 경제 사이클이 추락과 반등을 되풀이하며 움직인다. 하락 없는 우상향 곡선은 없다. 오르고 내리며 상승할 뿐이다. 하지만 대중 심리는 다르다. 항상 오를 때 더 오르고, 내릴 때 더 내린다고 여긴다.

유명한 투자 금언이 있다. 역발상과 욕심 버리기. 지겹도록 듣는 얘기다. 그러나 이처럼 분명한 진리도 드물다. 진리는 변하지 않는다. 이 두 가지만 지켜도 돈은 번다. 문제는 이걸 실행하느냐, 그렇지 못하냐의 차이다. 흔히들 뒤늦게 후회한다. IMF 때나 금융위기 때 싸게 나온 부동산 상품들이 나중에 오를 걸 예상 못한 사람이 있을까. 그런데도 투자를 못한다. 그러고는 몇 년이 지나 땅을 친다. 시계를 돌려보자. 다시 그 시기가 온다면 적극적으로 나설까? 공포가 지배하는 심리를 이기고 투자 시장에 뛰어들까? 아마 무모하다고 판단해 소극적으로 변하지 싶다.

관건은 시장 흐름이다. 그걸 예측하고 준비해야 위기는 기회로 바뀐다.

1. 시장 흐름 판독법

투자를 희망하는 동네의 아파트 입주 물량을 챙긴다. 1년 평균 물량을 기준으로 과소 여부를 판단한다. 평균보다 50% 이상 물량일 땐 투자를 자제한다. 물량 앞에 장사 없다.

전세 가격 동향을 주시한다. 전세 시장은 우리나라 아파트 공급 시장의 척후병이다. 공급 과잉으로 전세 가격이 하락하면 매매 시장도 침체하거나 하락한다. 반대로 전세 가격이 오르면 매매 가격도 뛴다.

정부 부동산 정책은 꼼꼼히 챙긴다. 정책은 인디언의 기우제다. 시장 침체 때는 부양책이, 호황 때는 규제책이 나온다. 부동산 경기에 영향력 있는 대책은 공급량, 대출, 양도세, 취득세 조절 순이다.

분양 물량은 미래를 가늠하는 좋은 지표다. 현재의 선분양제 구조에서는 등락을 반복하는 시장 흐름이 나타날 수밖에 없다. 분양 물량이 많으면 입주 충격에 대비한다. 글로벌 경제 분위기도 파악한다. 미국이나 중국의 경제 움직임은 한국 부동산 시장에 반영된다. 집값의 주요 변수는 단기적으로는 공급 물량이고 장기적으로는 경제 성장률이다.

2. 부산 대형 아파트에 주목

여유 자금 1억 원을 가진 부산 거주자가 아파트에 투자한다면 어디에, 어떻게 하면 좋을까. 우선 2016년 현재 부산 부동산 시장 흐름을 알아야 한다. 최소 5년간의 집값 변동을 살피는 게 선행 과제다. 10년간의 흐름을 분석할 수 있다면 성공 투자 확률은 그만큼 더 높아진다.

부산은 1997년 IMF 시절 직후 정부의 다양한 부양책으로 대부분 집값이 상승했다. 이 시기엔 대형이든 중형이든 소형이든 전체 평형대 아파트가 올랐다. 그러나 2004년 카드 대란 이후엔 집값이 정체된다. 해운대 신시가지를 비롯한 대단위 입주 아파트가 집중적으로 쏟아져 공급 과잉 상태였기 때문이다. 이 무렵 전세 가격도 약세를 보였다. 역시 공급 물량이 발목을 잡았다. 그럼에도 불구하고 해운대는 양상이 조금 달랐다. 해운대구 일대는 집값이 여전히 강세였고 서부산권이나 중부산권 아파트들과 대조를 이뤘다.

또한 카드 대란을 전후해 대형 평형대 아파트의 인기가 전국적으로 시작됐다. 그러자 주택 시장 상황이 좋지 않은 부산에서도 대형 평형대 아파트가 집중적으로 공급됐다. 2005년부터 글로벌 금융 위기가 발생한 2008년까지의 얘기다. 현재 부산에서 최고급 주거단지로 꼽히는 해운대구 마린시티와 센텀시티가 그때 공급된 대형 평형대 아파트들이다.

금융 위기 후에는 사정이 또 바뀐다. 대형 평형대 아파트들이 고분양가 논란에 휩싸였다. 여기에 국내 경제 위기까지 겹치면서 미분양 단지들이 급증했다. 집값도 하락세를 면치 못했다.

2009년부터는 중소형 평형대가 실수요자와 투자수요자의 관심을 끈다. 집값도 상승했다. 2009년 3월에 시행된 다주택자 양도세 일반과세 적용이 그런 흐름을 견인했다. 게다가 카드 대란 후 공급 물량이 대형 평형대 위주로 이뤄져 소형 평형대가 적었다. 공급 부족은 소형 평형대 집값을 끌어올렸다. 소형 평형대 아파트는 2011년까지 급등하다 2012~2013년 공급 물량이 늘면서 소폭의 가격 조정기를 거친다. 그러나 2014년부터 다시 탄력을 받더니 금리 인하 시기였던 2015년까지 상승세가 이어졌다. 하지만 2015년 연말에 여신심사 선진화 가이드라인 지침(주택담보대출 규제 강화) 발표로 상승세가 한풀 꺾인 상태다.

그동안의 부산 부동산 시장 흐름을 간단히 정리하면 이렇다. IMF 직후 전체 평형대 집값 상승 → 카드대란 이후 대형 아파트 상승과 물량 증가 → 금융위기 이후 중소형 평형대 인기.

주택담보대출 규제 강화가 경제 위기와 같은 충격을 주지는 않는다. 그러나 그게 장기화되면 시장 흐름 패턴은 바뀔 수 있다. 이 속에서 대형 평형대가 눈길을 끈다. 현재 중소형 평형대 아파트의 공급량은 늘어난 상태다. 반대로 대형 평형대는 적다. 따라서 집값 추가 상승은 중소형보다 대형 평형대에서 진행될 가능성이 농후하다. 물론 대형 평형대가 언제부터 탄력을 받을지는 미지수다. 하지만, 대형 평형대가 당분간 집값 상승을 주도할 것이라는 데는 이견이 없다.

이제 처음으로 돌아가 보자. 이 시점의 투자법은? 시장 흐름으로 봤을 때 대형 평형대 투자가 최선이다.

일각에선 대형 아파트는 집값 총액이 커서 쉽게 팔리지 않고 집값도 절대 상승하지 않는 아이템이라고 말한다. 인구가 감소하고 베이비부머가 은퇴하면서 집 크기도 줄이려는 욕구가 강하다는 것. 틀린 분석은 아니다. 그러나 집값은 실제로 거주할 사람들에 의해서 움직이지 않는다. 실수요자들이 보유한 자금보다 훨씬 많은 부동자금의 향방이 더 중요한 변수다. 금융위기 후 서울의 집값은 하락하는데, 지방의 집값이 뛴 이유가 뭘까. 실수요자들은 모두 겁에 질려 있을 때 부동자금이 지방으로 흘러들어서다.

1억 원으로 대형 아파트에 투자할 때는 세 가지로 나눠 생각해 볼 수 있다. 첫째는 직접 거주하는 형태다. 부산에 산다면, 지금 거주 중인 집을 전세로 놓거나 처분하고 주거선호지인 동부산권 대형 아파트에 집을 마련하는 전략이다. 시장 흐름을 파악하고 이사하기 때문에 거주와 동시에 재테크를 하는 방법으로 가장 안정적이다.

둘째는 지금 거주하는 주택을 유지하면서 추가적으로 아파트를 매입하는 형태다. 대출을 최대한 이용하면서 투자금을 최소화하는 전략이다. 이때는 대출 이자를 상쇄하기 위해 보증부 월세를 놓아야 하는 상황에 놓인다. 대형 평형대는 높은 월세가 요구돼 세입자를 찾기가 어렵고 공실 기간이 길어지는 문제가 동반된다.

셋째는 기존 전세를 안는 형태다. 매매 금액 대비 전세 금액이 높아 투자비용을 최소화해야 하는 게 핵심이다. 전세를 안고 있어 확신을 가지는 아파트에 투자해야 한다.

대형 아파트의 특징은 같은 단지 내에서는 집값이 최고 수준이다. 따라서 일정 수준의 자산 여력이 있는 세대주가 대부분이다. 이들 자산가는 주거 선호도가 낮은 동네를 기피하기 마련이다. 대형 아파트가 소재한 동네를 잘 골라야 한다.

3.놓쳐선 안 될 서울 시장 흐름

대한민국은 서울공화국이다. 그게 현실이다. 시장 흐름을 읽을 땐 서울 쪽을 먼저 봐야 한다. 그래야 전체적인 판세가 보인다.

2016년 현재 서울의 시장 흐름은 한마디로 전세난으로 인한 주택난이다. 카드대란 이전까지는 서울도 부산과 같은 흐름이었다. IMF 이후 아파트 값이 올랐다. 카드대란을 겪지만 2015년부터는 급등세다. 특히 재건축이 초호황이었다. 강남 3구를 중심으로 연일 집값이 뛰는 양상이다. 2000년 초반부터 2007년까지 서울의 집값은 무려 3배가 상승했다. 2억 원짜리 아파트가 순식간에 6억 원짜리로 변했다.

이 과정에서 서울의 전세 가격이 전혀 오르지 않았다. 그러나 2014년 9·1부동산대책 발표가 촉매 역할을 했다. 매매 가격에 비해 저평가됐던 전세 가격이 움직이기 시작했다. 지금도 매매 가격 수준에 맞는 제 가격을 찾아가는 중이다.

서울은 2015년에 발표된 주택담보대출 규제 강화로 시장 상황이 많이 침체됐다. 이때가 투자하기엔 적정 타이밍이다. 주택담보대출 규제 이후 가장 많이 하락한 아파트는 그간 상승을 주도했던 강남3구 재건축 아파트다. 만약 앞으로 주택담보대출 규제가 완화된다면? 이들 아파트의 집 값 상승이 예상된다.

부산과 서울은 시장 흐름이 다를 수밖에 없다. 투자법도 당연히 달라야 한다. 하지만 앞서 봤듯 추세를 파악하고 덤빈다면 실패하지 않는 투자가 가능하다. 그리고 다시 한 번 강조할 게 있다. 실질적으로 집이 좋으냐 안 좋으냐보다 우선하는 게 시장 흐름이다.

chapter 06

경매

〈2015년 8월 26일 부산일보 14면 보도〉

법원 경매 투자 명목으로
14억 받은 40대 구속

울산 남부경찰서는 법원 경매 투자 명목으로 투자자로부터 14억 5천만 원 상당을 받아 가로챈 혐의(사기)로 A(40) 씨를 구속했다고 25일 밝혔다.

A 씨는 2012년 3월 울산 남구에서 "선박 물품을 법원으로부터 경매 낙찰받아 되팔면 큰 수익을 낼 수 있다"고 속인 뒤 4명으로부터 14억 5천만 원을 투자받아 가로챈 혐의를 받고 있다.

경찰 관계자는 "A 씨는 법원 경매에 참여하지 않고, 개인용도로 대부분 사용했다"며 "경매물건에 투자할 때는 전문가에게 알아보고 해당 법원 경매부서에 경매물건이 있는지도 확인해야 한다"고 말했다.

39

경매 입문
-새로운 만남

　　　　　모처럼 외근을 나와 국도변을 달리는 왕초보 씨. 창문으로 불어오는 바람이 싱그럽다. 먼 산은 단풍 든 잎사귀로 형형색색이다. 어느새 가을이다. 그동안 너무 앞만 보고 달려왔다.

"나름의 깊이와 철학이 없는 투자는 단기 성과에도 사상누각" 일 뿐이라던 부동산 전문가 김 대표 말이 떠오른다.

가을은 결실의 계절이다. 그리고 언제냐 싶게 북풍한설로 몸을 움츠릴 것이다. 요즘 부동산 시장 전망을 두고 이런저런 얘기가 오간다. 정답은 누구도 모른다.

확실한 진리는 있다. '계절처럼 경제와 부동산 시장도 순환한다.' 만일 부동산 시장에 한파가 닥치면 뭘 준비해야 할까. 혼자 상념에 잠긴 왕초보 씨. 그때 요란스레 벨이 울린다. 안부 인사를 나눌 틈도 없이 김 대표가 대뜸 말한다. "왕초보 씨, 오늘 별일 없으면 저녁이나 같이하지?" 수화기 너머 목소리가 가을 하늘처럼 경쾌하다.

약속 시각에 조금 늦었다. 김 대표 앞에 누가 앉았다. 카키색 점퍼와 색 바랜 면바지에 낡은 등산화 신은 남성이다

"죄송합니다. 늦었어요." "빨리 와, 당신 위해 내가 큰 선물을 준비했으니." "에이~, 제가 선물을 해야죠. 덕분에 많은 걸 깨치는 중인데요. 오늘은 제가 책임질게요." "그래? 하지만 한 번으로는 안 돼, 언제든지 원할 때 왕초보 씨를 불러낼 수 있는 자유이용권이라면 모를까." 김 대표가 너스레를 떤다. "인사 나눌까. 이 친구는 고등학교 후배지만 내가 존경하는 토지와 경매분야의 재야고수야. 양 박사로 통하지." 카키색 점퍼의 남성이 손사래를 친다. "아이고, 박사는 무슨. 어찌어찌 대학도 겨우 졸업했는데…."

김 대표와 양 박사는 많이 다르다. 김 대표가 전형적인 엘리트라면, 후배인 양 박사는 소탈한 농촌 노총각 느낌이다. "왕초보 씨, 옷차림이 이렇다고 띄엄띄엄 보지 마. 이 친구 재산 알면 뒤로 넘어갈걸." 표정을 읽고 돌직구를 날린 김 대표 말에 왕초보 씨 얼굴이 붉으락푸르락이다.

"두 분 이미지가 너무 상반돼 잠시 그런 생각을 했죠." "원래 복장이 좀 그래요. 오늘은 현장에 나갔다 오느라 더 그렇고요.

저는 선배님만 뵙는 자리인 줄 알고…." 양 박사가 말을 흐린다.
"마침 자문할 게 있어 만났어. 왕초보 씨도 알아두면 좋을 것 같
아 전화한 거야. 이쪽 왕초보 씨는 요즘 내가 제일 아끼는 학생
이고. 하나라도 더 가르쳐 주고 싶은 그런 학생. 자, 우리 건배
할까?"

　가볍게 맥주 한 모금 들이켠 왕초보 씨가 조심스럽게 말을 꺼
낸다. "김 대표님, 경매하면 돈이 되나요?"

40

경매란 무엇인가?

"경매? 돈 되지." 왕초보 씨 물음에 바로 답하는 김 대표. "여기 있는 양 박사가 그 산증인이잖아. 그쪽은 나보다 훨씬 전문가야. 왕초보 씨에게 줄 선물도 이 친구거든." "선배님도, 제가 무슨 물건도 아니고. 잘만 하면 돈이 되는 게 사실입니다. 그러나 그만큼 위험 요소도 많아요. 세상에 공짜는 없고, 고수익 고위험이라고들 하잖습니까."

양 박사 말에 목이 탄 왕초보 씨. 맥주를 단숨에 마신다. "제가 읽어본 책엔 조금만 배워도 안전하고 쉽게 돈 벌 수 있는 것처럼 적고 있던데요. 그 책이 잘못됐나요? 하긴 저위험 고수익 주장은 전부 사기라고 보면 된다고 들은 것 같네요."

"글쎄요, 잘못된 정보라고 매도할 순 없겠죠. 과장됐거나 전제

조건을 생략한 표현상의 문제로 보입니다. 정말 그렇게 쉽게 돈을 벌 수 있다면 모든 사람이 경매만 하겠죠. 자본주의 속성상 돈 된다고 소문나면 시장이 알아서 작동해 엄청난 수요가 생기잖아요. 실제는 부푼 꿈을 안고 경매시장에 진입했다가 상처만 입고 퇴장하는 사람도 많습니다. 경매도 발품입니다. 고생한 시간과 비용만큼 수익을 가져가는 구조라고 보면 됩니다."

"아직은 정확하게 이해하긴 힘들지만 노력하면 꽤 괜찮은 투자처라는 말씀으로 들립니다." 왕초보 씨 눈이 반짝인다.

"맞습니다. 잘 배워서, 원칙 지키고, 욕심 제어할 수 있다면 말이죠. 상대적으로 투자금 대비 수익률도 비교적 높은 게 확실합니다." 양 박사가 묘한 신뢰감을 준다. "김 대표님 덕분에 만나뵙게 됐지만 앞으로 많이 가르쳐 주시길 부탁합니다. 그런 의미로 한 잔 올리겠습니다." 두 사람 대화를 듣고만 있던 김 대표 입가에 미소가 번진다.

적당한 취기로 귀가한 왕초보 씨. 양 박사와 그날 나눈 경매 이야기를 투자 노트에 기록한다.

"경매란 무엇인가? 채권자가 담보로 잡은 부동산을 법원을 통해 일반에게 강제 매각하는 절차다. 법원 경매를 거쳐 부동산을 구입하면 시세 대비 적게는 10% 싸게 살 수 있다. 권리문제 등 이해관계가 복잡하고, 경기 하락기에 환금성이 떨어지는 대형 부동산의 경우 절반 가격 이상 저렴하게 구할 수도 있다. 주의할 점? 담보 부동산의 권리관계와 물건의 가치 분석, 그리고 명도

(해당 부동산에 거주하고 있는 사람을 내보내고 그 부동산에 입주 가능하도록 만드는 일) 단계를 꼼꼼히 살펴봐야 한다. 만약 그 과정에서 문제가 생기면 되레 손해 볼 소지가 크다. 입찰에 참여하기 전 이 모든 걸 파악해야 한다."

　일주일에 한 번씩 만나기로 한 양 박사가 벌써 기다려진다.

41

급매와 경매

약속 장소에 먼저 도착한 왕초보 씨. 오랜만에 느껴보는 설렘이다. 이런 긴장감, 삶의 활력이 된다. 경매? 왠지 만만치 않을 것 같다. 반드시 내 것으로 만들고 싶은 마음은 더 강렬하다.

왕초보 씨 앞으로 다가오는 양 박사 낯빛이 어둡다. "잘 지내셨어요?" "아, 네, 그럭저럭…. 뭐부터 공부할까요?" 왠지 건성건성 느낌이다. 불안한 왕초보 씨. "무슨 일 있으세요? 기분이 안 좋아 보입니다." "아닙니다. 제가 골치 아픈 물건을 하나 낙찰받았는데, 그 문제로 계속 고민하다 보니. 미안해요."

양 박사가 그제야 웃는다. "수익률 욕심이 과할수록 힘들어지죠. 초보 단계에선 적정 수익만 염두에 두고 움직이면 머리 아플

경매

일은 그렇게 많지 않을 겁니다. 간단한 개념부터 시작하죠." 다음은 양 박사 설명이다.

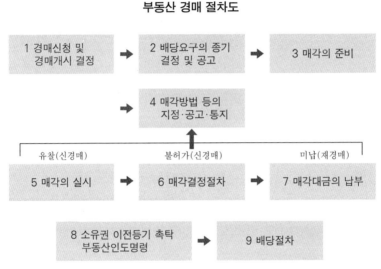

부동산 경매 절차도

1 경매신청 및 경매개시 결정	➡ 2 배당요구의 종기 결정 및 공고	➡ 3 매각의 준비
	➡ 4 매각방법 등의 지정·공고·통지	

유찰(신경매)	불허가(신경매)	미납(재경매)
5 매각의 실시	➡ 6 매각결정절차	➡ 7 매각대금의 납부

8 소유권 이전등기 촉탁 부동산인도명령	➡ 9 배당절차	

출처: 대법원경매정보

경매는 권리분석이 중요하단다. 법학을 전공하지 않고 공인중개사 자격증도 없는 사람도 가능할까. 문제없단다. 물론 법을 잘 알면 유리하다. 하지만 며칠 시간을 내면 기본적인 경매 절차와 말소기준권리 정도를 파악할 수 있다. 그쯤 알아도 되는 물건이 꽤 많다. 소유자가 시중은행에 빌린 돈을 갚지 못해 나오는 대단지 아파트가 거기에 해당한다. 다만 모든 사람이 접근하기 쉽고 사안이 단순한 물건은 큰 수익을 올리기 쉽지 않다. 경매가 대중화돼 이런 물건엔 입찰 참여자가 적잖다.

실수요자도 조금이라도 저렴하게 내 집 마련을 하기 위해 입찰에 참여하기도 한다. 따라서 투자 개념을 갖고 접근하기엔 곤란한 물건이다.

"복잡한 권리 분석이 필요 없는 아파트 경매만을 염두에 둔다면 발품 팔아 급매로 취득하는 물건보다 수익이 많이 난다는 보장이 없어요." 양 박사 말이다. 아주 단순하게 보이는 경매 물건조차도 가끔 생각하지 못한 함정이 숨어 있단다.

급매와 별 차이가 없다? 군이 경매를 배워야 할 이유가 있을까? 어려운 권리분석에, 발품에, 처지 어려운 사람에게 못할 짓까지 해 가며…. 갑자기 복잡한 심경에 빠진 왕초보 씨. 어느새 눈 아래로 어둠이 짙게 깔린다.

그간 수많은 명도와 관련한 협상 과정에서 상대방 마음을 읽는 일에 나름의 노하우를 가진 양 박사. 왕초보 씨 표정을 단번에 읽는다. 그러더니 식어 버린 커피를 한 모금 마신다. "그래도 경매는 아주 좋은 재테크 수단입니다. 경매에 대한 부정적 인식도 잘못된 편견이고요. 그 이유는 경매 절차와 권리분석에서 찾을 수 있습니다. 말소기준권리부터 알아보죠."

42

경매와 말소기준 권리

"지금부터 제가 하는 얘기를 집중하세요." 양 박사 말에 단호함이 느껴진다. 왕초보 씨는 자세를 고쳐 앉았다. "생소한 부분은 관련 서적이나 인터넷을 활용해 명확하게 이해하셔야 합니다. 이게 이해 안 되면 굳이 경매를 욕심내기보다 다른 투자 수단을 생각해보는 게 좋을 겁니다."

"말소기준권리를 알려면 물권과 채권과 권리의 선후 개념을 우선 파악해야 합니다." 양 박사 말은 이렇다. 재산상의 법적 권리는 그 성질에 따라 물권과 채권으로 나뉜다. 물권은 물건에 대해 인간이 가지는 권리다. 채권은 사람과 사람 사이에 발생하는 권리라 보면 된다. 물권은 절대적 권리다. 물건의 경우 인간이 마음대로 지배할 수 있다. 또한 누가 지배하는지 알 수 있다. 해서 물권을 가진 사람에게 우선권이 주어진다.

반면 채권은 다르다. 상대를 지배하는 게 아니다. 누가 그 권리를 보유했는지 알 방법이 없다. 우선권이 없는 상대적 권리라는 뜻이다.

예를 들어보자. 부동산을 매입하면 등기를 한다. 등기부만 열람하면 물건 소유권자를 한눈에 알 수 있다. 이게 물권이다. 이번엔 친구 간 돈거래를 보자. 채권·채무 관계가 발생한다. 그런데 이때는 당사자 외엔 그 사실을 알 도리가 없다. 채권은 이런 개념이다.

통상 물권이 채권에 비해 우선권을 가진다. 그러나 예외적으로 물권보다 채권에 우선권을 부여하거나 동급으로 취급할 때가 있다. 이 때문에 말소기준권리가 등장한다. 말소기준권리는 권리를 순서대로 배열해 주는 기준점이 되는 권리다.

양 박사가 잠시 숨을 고른다. 그리고 왕초보 씨의 질문. "어떤 권리가 말소기준권리가 되죠?" "말소기준권리는 저당권, 근저당권, 압류, 가압류, 담보가등기, 강제경매개시결정등기가 있습니다. 이들 권리 중 가장 시기가 빠른 권리가 말소기준권리가 돼 그 이후에 등기된 권리는 말소됩니다. 그리고 그 이전에 등기된 권리는 등기부에서 없어지지 않고 낙찰자에게 인수되죠."

"어휴, 벌써 머리가 아프네요. 말소기준권리가 되는 게 너무 많네요." "그런가요. 음…, 말소 여부와 관련해 정말 어려운 점은 또 있어요. 유치권과 법정지상권 등 등기부상에 나오지 않는 권리입니다. 이들 권리는 성립 여부를 파악하기도 어렵습니다. 그런데 일단 성립하면 시기와 관계없이 인수돼 낙찰자에게 큰 위험 요소가 되죠." 왕초보 씨 안색이 어둡다. "용어도 생소한데 파악하기 힘든 권리도 있고, 예외도 많고. 휴~."

"다시 한 번 강조할게요, 경매로 괜찮은 투자 수익 올리려면 방금 언급한 권리를 정확히 이해하는 게 필수입니다. 제가 늘 하는 말이 있어요. 공부하기 싫으면 경매는 하지 마라."

43

경매와 내 집 마련

양 박사의 지도 첫날에 이미 기가 질렸던 왕초보 씨. "공부 싫으면 경매하지 말라"던 말이 며칠째 귓전에 맴돈다. 인터넷으로 그날 배운 생소한 용어를 뒤졌지만 알 듯 모를 듯하다. 자료를 검색하다 보니 실전 경험을 통해 배우는 게 가장 빠르다는 얘기가 많다. '전세 기간이 내년 봄이면 만료라···. 급매 알아보는 중인데, 차라리 살 집을 직접 경매로 받아 볼까. 이만한 실전 경험도 없겠지.' 마음을 정한 왕초보 씨.

그러나 막상 겁이 난다. 난관이 한둘이 아닐 성싶다. 매매와 달리 낙찰 보장도 없고. 낙찰돼도 왠지 찜찜한 느낌도 들 것 같다. 이런저런 고민 끝에 양 박사 사무실을 찾기로 했다. 집에서 멀지 않은 거리다. 근린상가 건물 4층에 10평 남짓 공간. 소파와

경매

책상 두 개가 놓였다. "혼자 사용하십니까?" "네. 이 건물을 2년 전 낙찰받았죠. 4층 임대가 잘 안 나가 그냥 제가 사무실로 사용하고 있습니다. 예전엔 경매 컨설팅사도 운영했지만, 지금은 다른 사람 일을 처리하지 않고 쉬엄쉬엄 입찰 들어갈 물건만 검색하죠. 그리고 공부도 좀 하고요." "이렇게 자유롭게 자기 사무실에서 일하면 좋겠네요. 간섭받지 않고 일하는 게 꿈인데…."

미소로 답하는 양 박사에게 왕초보 씨가 본론을 꺼낸다. "제가 아직 전세로 살고 있습니다. 내년 봄 전세가 끝납니다. 만기가 되면 또 보증금을 올리겠죠. 이참에 집을 사려고 하는데 쉽지 않습니다. 그래서 경매로 내 집을 구할까 합니다. 경매로 나온 집에 사는 게 괜찮을지…."

양 박사가 말끝 흐리는 왕초보 씨를 물끄러미 쳐다본다. 이윽고 양 박사가 차분한 어조로 말을 시작한다.

"내 집 마련하려고 경매를 원한다면 주택임대차보호법 정도만 숙지해도 큰 문제가 없습니다. 간혹 TV 드라마에 등장하는 장면처럼 경매를 서민 등골 빼먹는 걸로 여길 필요도 없습니다. 어떻게 보면 부동산 경매는 자본주의 사회 질서를 유지하기 위한 최후의 수단이죠. 일반인들이 막연히 갖는 도덕적 거부감과 달리 투자 자본 회수를 통해 시장경제체제 유지에 도움을 줍니다. 복잡한 채권·채무로 얽힌 법률관계를 정리해 불필요한 유·무형 비용을 절감하기도 하죠. 채무자나 임차인 중 일부가 고통을 겪는 과정에서 낙찰자가 원망을 듣기는 합니다만. 하지만 낙찰자가 책임을 질 이유는 없습니다. 오히려 입찰에 참여해 채무자의 더 큰 손실을 줄여주는 효과가 있다고 보는 게 맞겠죠. 다만 주의할 게 있습니다. 낙찰 후 법 규정과 별도로 명도 과정에서 비용이 들어가는 일이 종종 발생합니다. 급매 물건보다 하자가 많을 수도 있고. 그런데도 담보 책임을 물지는 못합니다. 그리고 왕초보 씨, 정말 조심해야 할 게 따로 있습니다."

44

급하면 체한다

"휴~. 경매 유의점이 이렇게도 많은지 몰랐습니다." 왕초보 씨 말에 웃음이 터진 양 박사. "하하, 경매를 장미에 견줘 보죠. 누가 봐도 예쁘지만 돈은 가시 덥석 만졌다가 상처 입지 않습니까. 누차 반복하지만 경매는 괜찮은 투자수단입니다. 다만 알고 덤벼야 한다는 겁니다."

양 박사와의 대화를 정리하면 이렇다.

경매도 수요공급의 법칙에 따른다. 수요자가 많으면 낙찰가는 오르고, 반대라면 낙찰가가 내린다. 특히나 지금처럼 부동산 시장 경기가 호황이고 저금리 기조인 상황에선 경매 물건이 상대적으로 적어 낙찰가가 상승하기 마련이다. 문제는 단순히 경매 물건이 적은 걸 떠나 괜찮은 물건을 찾기가 어렵다는 점이다.

잠시 따져 보자. 부동산중개업소를 통해 매도가 가능한 물건이라면? 경매에 오기 전에 급매로 팔렸을 가능성이 크다. 물론 매도해 봤자 빚 갚고 나면 손에 쥐는 돈이 없을 땐 채무자가 의도적으로 팔지 않고 경매로 넘기는 사례가 있긴 하다. 그러나 정말 가끔 있는 일이다. 보통은 시장성 떨어지거나 권리관계와 물건 자체에 치유 불가능한 하자가 있는 물건이 대부분이다.

경매의 경우 중개와 달리 위험부담이 있다. 집 내부를 확인하지 못하고 입찰에 참여해서다. 더러는 낙찰받은 집의 누수나 균열을 처리하느라 수리비가 만만찮게 들기도 한다.

관리관계와 관련해서도 선순위세입자가 배당 신청을 하지 않을 경우 낙찰 확률은 더 떨어진다. 자칫 큰 손해를 입기 십상이다. 주택임대차보호법 때문이다. 세입자가 전입신고와 입주를 하면 이튿날 0시부터 대항력이 생긴다. 남은 계약 기간 동안 계속해서 거주하고, 계약 기간이 만료될 때 새로운 소유자(낙찰자)에게 임대차보증금을 받아갈 수 있는 권리가 있다. 우선변제권도 주어진다. 임대차계약서에 동사무소의 확정일자를 받으면 다른 후순위 물권이나 채권에 우선해서 배당을 받아 갈 수 있다. 이처럼 대항력과 우선변제권을 모두 갖춘 세입자가 배당기일 내에 배당신청을 하지 않거나 배당신청을 했지만 보증금을 모두 받지 못한 경우엔 낙찰자가 남은 보증금을 계약기간 만료 때 돌려줘야 한다.

호경기엔 고가 낙찰도 적잖다. 대개 초보자가 그렇다. 경매 경험이 없다 보니 호가 위주로 시세를 파악해 높은 가격으로 낙찰받아서다. 이러면 경매 장점은 사라진다. 급매가 기준에 명도비용(강제집행비용), 수리비 등을 고려한 후 입찰에 임해야 한다.

오늘의 교훈. '보수적으로 응찰하자. 그래야 손해를 피한다. 뺏기는 것? 기껏해야 약간의 교통비, 공부서류 열람비용, 시간비용이다. 대신 경험이 남는다. 하지만 낙찰 욕심에 고가 입찰하다 몸고생·마음고생·재산손실을 입는다.' 왕초보 씨 투자 노트의 이날 맺음말이다.

45

경매 물건 검색

휴일 아침. "국 다 식어요. 식사 안 하고 대체 뭐 해요. 빨리 밥부터 먹어야 집 치우고 밖에 나가죠." 아내의 날 선 목소리가 들려온다. 컴퓨터 모니터를 뚫어지라 바라보며 이리저리 마우스를 움직이던 왕초보 씨. "알았어. 지금 가려고 했어. 먼저 먹고 있으면 될걸…." 약간 퉁명스럽게 대꾸한다. 경매 공부에 지친 탓인지 아내의 여느 때 잔소리가 영 마뜩잖아서다.

그런데 이게 화근이 됐다. 아내가 쌓아뒀던 말을 속사포로 쏘아댄다. "밤낮으로 컴퓨터만 붙들고 뭐하는 거야. 그렇게 열심히 했으면 뭘 내놓기나 하지. 전세금 때문에 이렇게 골머리를 앓는 형편인데, 차라리 밖에 나가서 일이라도 해 돈을 벌어 오든지…." 왕초보 씨는 아무 말 없이 식탁으로 자리를 옮긴다. 아내 말끝이

경매

215

짧아지기 시작하면 무대응이 상책이다.

냉랭한 분위기. 수저 소리만 식탁에 흐른다. 아내가 아직 덜 풀린 모양이다. 불편한 말들이 이어진다. "조만간 이사해야 하는 건 알고 있지. 어제도 집주인이랑 통화했어. 전세보증금을 올려 줘도 싫대. 인상분만큼 월세로 계산하고 전세보증금 일부도 돌려줄 테니 월세로 하자고 독촉이야. 그게 싫으면 집 비우래. 당신 월급으로 월세까지 내면 우리는 언제 저축해서 어느 시절에 집을 사." 끝내 아내가 울먹인다.

"알아, 그래서 나도 지금 컴퓨터 보고 있는 거야. 언제까지 이집 저 집 떠돌 수도 없고. 이번 기회에 내 집 한번 마련해 보려고." "요즘 집값이 얼마나 올랐는데, 우리 형편에 집을 사? 여기 들어오기 전에 대출받아 집 매입하자고 하니까 그때 뭐라고 했어. 앞으로는 군이 집을 소유할 필요가 없는 시대가 온다고 우겼잖아. 그 때문에 전세로 들어왔잖아. 그런데 이게 뭐야, 이젠 대출받아도 감당할 수 없을 만큼 집값이 뛰어 버렸잖아."

"쉽지 않겠지. 해서 조금 더 저렴하게 집을 구할 방편을 연구 중이야. 그게 경매거든. 좀 전에도 다음 주 있을 입찰 물건을 분석하고 있었던 거고…." 순간 아내 얼굴에 화색이 돈다. "경매 공부하고 있었어? 옆집 아주머니 말이 잘하면 반값에 집 살 수 있다던데." 왕초보 씨가 웃는다. "그건 과장된 표현이고. 여하튼 오늘은 그동안 골라놓은 경매 물건 같이 보러 갈까."

법원경매정보 사이트

　　그날 왕초보 씨 부부는 아파트와 빌라 두 채씩, 다세대주택 한 채를 둘러봤다. 양 박사 조언을 기준으로 삼았다. 우선 잘 아는 동네 물건만 봤다. 현재 보유한 자금과 직장까지의 거리, 아이들 유치원과 초등학교도 고려했다. 그렇게 해서 아파트와 빌라 한 채씩을 경매 후보지에서 제외했다. 지나치게 낡은 집이고 대중교통 이용이 곤란해서다. 나머지 세 채를 대상으로 입찰하기로 한 왕초보 씨. 그러나 막상 경매에 참여하려니 가격을 얼마로 정해야 할지 막막하다. 혹시 놓치고 있는 사항이 있는지도 불안하다. 결국, 머리에 떠오른 탈출구는 경매 전문가인 양 박사뿐이다.

46

현장답사는 이렇게

"생각보다 빨리 연락이 와서 조금 의외였습니다. 솔직히 공부만 하다 말거나 입찰 참여는 훨씬 뒤가 될 줄 알았습니다." 왕초보 씨를 보자마자 양 박사가 미소로 맞는다. "제가 좀 소심한 편이긴 합니다. 방금 그 말은 칭찬으로 들어도 되겠죠?" 왕초보 씨가 머리를 긁적이며 얼굴을 붉힌다.

"물론입니다. 많이 신중한 성격 같아 그렇게 생각했습니다. 돈을 벌고 싶다는 욕망 못지않게 배움에 대한 갈망을 더 크게 느꼈거든요."

솔직한 양 박사 말에 왕초보 씨 마음이 열린다. "저도 경매에 이렇게 빨리 뛰어들 줄 몰랐습니다. 재테크 수단이 수두룩한데 굳이 경매까지 할 필요가 있나 싶었거든요. 그런데 지금 여러 가지 상황이 얽혀 양 박사님 도움이 급합니다. 실은, 갑자기 전셋집을 나갈 처지가 됐어요. 제가 살 집을 구하려다 보니…."

양 박사가 왕초보 씨를 뚫어지게 쳐다본다. "그러면, 왕초보씨가 눈여겨본 물건을 한번 돌아볼까요?"

양 박사와 입찰 후보 물건이 소재한 현장을 둘러본 왕초보 씨. 천군만마를 얻은 기분이다. 연륜과 경험에서 전달되는 차이가 피부에 와 닿는다.

똑같은 장소를 현장 답사했지만 시선이 전혀 달라서다. 무엇보다 양 박사는 왕초보 씨가 현장 조사 후보에서 제외했던 빌라에 더 흥미를 드러냈다. "발품 팔아 주거용 부동산을 살필 때는 주의할 사항이 있어요." 양 박사 말은 이랬다.

경매에 나온 아파트나 빌라는 두 부류로 나뉜다. 누구라도 다 알 만한 입지에 있고 단지 규모도 큰 아파트는 특별한 경우가 아니라면 물건 분석에 큰 어려움이 없다. 대신 수익을 보장할 수 있는 가격에 입찰해서는 낙찰받기가 쉽지 않다. 무리해서 입찰가를 올리면 되겠지만 이럴 경우 낙찰을 위한 경매가 될 수 있다. 주객이 전도된다는 얘기다.

반면, 세대수가 너무 적고 입지가 떨어지는 낡은 아파트나 빌라는 낙찰받기는 상대적으로 쉬워도 그 후 어려움을 겪을 수 있다. 우선 수리비 부담이 매우 크다. 투자 목적이라면 환금성도 떨어질 수 있다. 그러나 이런 물건도 잘 분석하면 꽤 괜찮은 수익이 가능하다. 흔하지는 않지만 '진흙 속 진주'도 발견된다. 현장 조사를 통한 물건 분석은 그래서 한다. 숨어 있는 하자나 가치를 발견하는 안목을 기르는 과정인 셈. 아무 목표 없이 그저 현장에 나가서 주변을 돌아보는 게 아니라는 뜻이다.

조사는 꼼꼼할수록 좋다. 경매 물건이 있는 동네가 머릿속에 완전히 그려져야 한다. 집 안 내부를 확인하면 좋겠지만 대체로 그건 힘들다. 그나마 선순위 세입자로 보증금을 다 받아 가는 임차인이 거주하는 경우 집 내부를 구경할 수 있다. 해서 대부분 겉만 보고 판단하거나 같은 구조의 평형대를 참고할 수밖에 없다.

"문제는 이때 발생합니다." 설명하던 양 박사가 잠시 말을 끊는다. "문제요?" 왕초보 씨 머리가 또 복잡해진다.

47

왕초보의 입찰 참여기

"문제라고 해서 그렇게 심각하게 받아들일 필요는 없어요. 집 외부나 다른 집을 보고 경매 대상 물건의 내부 상황을 유추할 때, 생각과는 달라 큰 낭패를 볼 수 있다는 의미일 뿐입니다. 사람은 자신이 이미 가지고 있는 경험과 지식에서 대상을 인식하는 습관이 있잖습니까. 그럴 땐 흔히 판단 착오가 발생하죠. 새로운 사람을 만날 때를 생각해봅시다. 대개 외모로 첫인상을 판단하지요. 여하튼 집 안 내부는 경매 물건의 특성상 훨씬 더 안 좋을 수도 있다는 걸 미리 염두에 두라는 얘기입니다."

양 박사의 설명에 순간적으로 굳어진 얼굴이 또 읽힌 것 같아 민망한 왕초보 씨.

"사실 진짜 문제는 따로 있습니다. 지금처럼 순간순간 갖는 불

경매

안감이 표정에 드러나는 일입니다. 왕초보 씨, 포커페이스를 유지하는 게 중요합니다. 입찰 장소에서 분위기에 휩쓸리는 부작용을 막는 길이기도 하죠."

양 박사는 이후에도 포커페이스를 다시 한 번 강조했다. "일단 오늘 본 물건 중에 다세대 물건과 빌라를 제외하고, 아파트 한 곳과 왕초보 씨가 애초에 빼놨던 빌라 물건을 좀 더 검토해 봅시다. 그런 다음 입찰에 참여하죠. 오늘은 시간이 없으니 여기까지 공부합시다. 입찰가 산정에 대해서는 이틀 뒤 입찰일에 뵙고 최종 의논하도록 하죠. 당일 입찰 결과를 기다리는 동안 시간이 조금 남을 겁니다. 그때 입찰 물건을 선정하는 기준에 대해서 알려드리겠습니다."

그리고 입찰 당일. 회사에 연차를 내고 떨리는 마음으로 경매 법정으로 향하는 왕초보 씨. 양 박사와 법원 집행관 사무실 로비에서 만난다. 이어 검색대를 통과하고 2층 경매 법정으로 간다. 경험 많은 사람은 오전 11시께 입찰에 참여한단다. 하지만 초보자의 경우 경험이 쌓일 때까지는 집행관이 입찰 주의사항을 공지하는 오전 10시 이전에 경매 법정에 착석하란다. 거기서 마음을 가다듬는 게 좋다는 말이다. 10여 분의 주의사항과 입찰 방법 안내가 끝나면 한 시간가량의 입찰 시간이 주어진다.

경매 법정 앞에서 건네받은 명함을 보는 왕초보 씨. 경락잔금 대출 안내와 관련된 게 대부분이다. 최대 90%까지 대출 가능이라 적혔다. 이때 긴장을 풀어주려는 듯 양 박사가 나지막이 속삭인다. "첫 경험이시니 떨리시죠? 저도 그때가 엊그제 같은데…."
그러고는 설명을 잇는다.

"경매는 각종 이유로 취하나 변경, 연기되는 일이 잦습니다. 입찰 전날, 대법원 경매 정보 사이트에서 해당 물건의 입찰 진행 여부를 확인해야 합니다. 물론, 당일 경매 법정 입구에도 공고되어 있습니다만…. 이전엔 경매 당일, 법원에 비치된 물건명세서 등을 열람했죠. 이른바 고수들이 특정 입찰 물건 경쟁 구도를 파악하고 입찰가를 최종 결정하는 자료였습니다. 요즘은 사설 경매 정보 사이트나 대법원 사이트가 잘 돼 있고 스마트폰이 보급돼 그런 재미는 없어졌죠. 그나저나 보증금과 신분증, 도장은 가지고 오셨죠?" "네, 양 박사님, 입찰을 아내 명의로 하고 싶은데, 괜찮겠죠?"

48

경매는 에스프레소처럼, 매매는 카페라테처럼

"아내 명의로 하려면 아내 인감증명서와 인감도장이 필요한 건 아시죠?" "네, 준비했습니다. 혹시라도 낙찰받으면 아내 이름이 새겨진 등기부를 결혼기념일 선물로 주려고…." "그렇군요. 왕초보 씨, 작성한 입찰표와 최저매각가의 10%를 넣은 입찰 보증금 봉투를 입찰 봉투에 함께 넣어 제출하면 됩니다. 제출할 때 법원 직원이 입찰봉투 윗부분에 있는 절취선을 잘라서 주면 잘 보관하세요. 낙찰이 안 되면 그걸 가지고 가서 입찰 보증금을 반환받아야 합니다."

기 일 입 찰 표

지방법원 집행관 귀하 입찰기일 : 년 월 일

사 건 번 호		타 경 호		물건 번호	※물건번호가 여러개 있는 경우에는 꼭 기재

입 찰 자	본인	성 명			전화 번호	
		주민(사업자) 등록번호		법인등록 번 호		
		주 소				
	대리인	성 명			본인과의관 계	
		주민등록 번 호		전화번호		–
		주 소				

입 찰 가 격	천억	백억	십억	천만	백만	십만	만	천	백	십	일		보증 금액	백억	십억	억	천만	백만	십만	만	천	백	십	일	
												원													원

보증의 제공방법	☐ 현금·자기앞수표 ☐ 보증서	보증을 반환 받았습니다. 입찰자

주의사항.

1. 입찰표는 물건마다 별도의 용지를 사용하십시오, 다만, 일괄입찰시에는 1매의 용지를 사용하십시오.

2. 한 사건에서 입찰물건이 여러개 있고 그 물건들이 개별적으로 입찰에 부쳐진 경우에는 사건번호외에 물건번호를 기재하십시오.

3. 입찰자가 법인인 경우에는 본인의 성명란에 법인의 명칭과 대표자의 지위 및 성명을, 주민등록란에는 입찰자가 개인인 경우에는 주민등록번호를, 법인인 경우에는 사업자등록번호를 기재하고, 대표자의 자격을 증명하는 서면(법인의 등기사항증명서)을 제출하여야 합니다.

4. 주소는 주민등록상의 주소를, 법인은 등기기록상의 본점소재지를 기재하시고, 신분확인상 필요하오니 주민등록증을 꼭 지참하십시오.

5. 입찰가격은 수정할 수 없으므로, 수정을 요하는 때에는 새 용지를 사용하십시오.

6. 대리인이 입찰하는 때에는 입찰자란에 본인과 대리인의 인적사항 및 본인과의 관계 등을 모두 기재하는 외에 본인의 <u>위임장(입찰표 뒷면을 사용)</u>과 인감증명을 제출하십시오.

7. 위임장, 인감증명 및 자격증명서는 이 입찰표에 첨부하십시오.

8. 일단 제출된 입찰표는 취소, 변경이나 교환이 불가능합니다.

9. 공동으로 입찰하는 경우에는 공동입찰신고서를 입찰표와 함께 제출하되, 입찰표의 본인란에는"별첨 공동입찰자목록 기재와 같음"이라고 기재한 다음, 입찰표와 공동입찰신고서 사이에는 공동입찰자 전원이 간인 하십시오.

10. 입찰자 본인 또는 대리인 누구나 보증을 빈환 받을 수 있습니다.

11. 보증의 제공방법(현금 · 자기앞수표 또는 보증서)중 하나를 선택하여 ☑표를 기재하십시오.

출처: 대법원 법원경매정보

위 임 장

대	성 명		직업	
리	주민등록번호	-	전화번호	
인	주 소			

위 사람을 대리인으로 정하고 다음 사항을 위임함.

다 음

지방법원 타경   호 부동산

경매사건에 관한 입찰행위 일체

본	성 명	(인)	직 업	
인	주민등록번호	-	전 화 번 호	
1	주 소			
본	성 명	(인)	직 업	
인	주민등록번호	-	전 화 번 호	
2	주 소			
본	성 명	(인)	직 업	
인	주민등록번호	-	전 화 번 호	
3	주 소			

지난밤 양 박사와 통화해서 이미 입찰 금액을 확정했던 왕초보 씨. 아파트 한 채와 빌라 한 채에 대한 입찰 봉투를 제출하고 접수증 같은 절취선 부분 두 장을 들고 있자니 갑자기 가슴이 떨린다. 둘 중 하나라도 낙찰이 되었으면…. 만약 둘 다 낙찰되면 잔금 마련을 어떡하지 싶어 겁도 난다.

입찰 시간과 개찰 준비에 한 시간 정도 기다려야 한다. 양 박사와 근처 커피전문점을 찾는다. 왕초보 씨는 따뜻하고 달콤한 카페라테를, 양 박사는 진한 에스프레소를 주문한다. 양 박사가 에스프레소 향을 음미하며 운을 뗀다.

"경매는 에스프레소와 비슷해요. 쓰기도 하고 그 맛이 깊기도 하죠. 모든 걸 갖춘 경매 물건은 없다는 말입니다. 카페라테처럼 달콤하고 맛있는 물건은 중개업소에서 찾아야 합니다. 그러나 직접 경매에 나설 땐 에스프레소같이 응축된 걸 골라야 합니다. 본질적인 가치를 보고 결정하라는 뜻이죠. 오늘 입찰에 참여한 두 물건은 각자 가진 본질적인 장점을 보고 선택했습니다. 아파트는 실수요자인 왕초보 씨 입장에 맞춘 물건이고, 빌라는 투자에 방점을 둔 물건입니다. 특히 후자는 근처 재개발 구역에서 제외되는 바람에 감정가가 낮은 편이죠. 재개발이 완료되면 주변 여건 개선으로 반사이익이 기대되는 물건이라고나 할까. 이런 이유로 아파트는 반드시 낙찰받자는 생각보다는 밑져도 본전 식으로 가격을 책정했고, 빌라는 낙찰을 염두에 두고 감정가보다 510만 원을 더 적었습니다. 진인사대천명. 개찰을 기다려보죠."

경매 법정으로 다시 돌아온 왕초보 씨. 이윽고 개찰이 시작된다. 아파트는 예상대로 떨어졌다. 1등과 2천만 원 이상 차이가 나서 아쉽지도 않다. 그 가격이면 굳이 경매할 필요가 있나 싶다.

드디어 빌라. 4명이 입찰에 참여했다. 낙찰자는 왕초보 씨였다. 감정가에 450만 원을 더한 입찰자가 2등이었다.

양 박사가 당연한 결과인 양 왕초보 씨를 보고 씩 웃는다. 빌라 가치를 알아본 사람이 있겠지만 감정가에 500만 원 이상을 더 올려 입찰할 사람이 없다고 판단했단다. 혹시 몰라 10만 원을 꼬리로 살짝 물렸단다.

부동산 공부를 한 지 1년. 마침내 투자 상품이 손에 들어왔다. 전세살이 설움으로 눈물 짓던 아내의 얼굴이 떠오른다.

전문가 따라잡기

부동산 TIP

서성수(영산대 부동산자산관리전공 교수)

경매는 채권자와 채무자간의 대립관계를 최종적으로 해결하는 절차다. 불필요한 사회·경제적 손실을 막는 효과가 있다.

경매는 사실 어렵다. 난이도가 부동산 투자 아이템 중 최고 수준이다. 권리 분석에 물건 분석에 미래 가치 분석까지 공부할 게 많다. 물건 자체의 법률적 하자부터 투자 가치, 거시경제 현황, 부동산 시장 경기 흐름을 다 살펴야 한다.

흔히 경매 강좌나 경매 서적은 권리 분석과 명도 과정을 위주로 다룬다. 물론 권리 분석이 안 되면 큰 손해를 입기 쉽다. 명도 과정에서도 난관에 봉착한 낙찰자가 숱하다. 당연히 강조돼야 한다.

하지만 이렇다 보니 정작 숲을 보지 못하는 사례는 비일비재하다. 아무리 권리 분석 잘하고 명도의 달인이라고 해도 물건 가치 분석을 잘못했다간 자칫 고가 낙찰로 고생하기 십상이다. 게다가 경제 상황을 오판해 다른 분석 잘해놓고도 손해를 입게 된다. 경매 시장의 전체적인 특징을 간과해서다. 전투에서 이기고 전쟁에서 패하는 모양새다.

지금은 부동산 시장이 호황이지만 전망이 불투명하다면 입찰가는 최대한 보수적으로 접근해야 한다. 반면, 시장이 빠르게 회복되는 중이라면 유찰 물건이 아닌 신경매에 들어가 고가 낙찰을 받는 것도 괜찮은 투자법이다. 이처럼 시장 환경 따라 움직여야 한다.

경매 실패 유형은 두 가지다. 준비 미비나 절박감 부족. 아무리 객관적 전력이 우수해도 임전무퇴의 정신 무장이 안 된 군대는 사소한 데서 무너져 전쟁에서 패배하게 된다. 경매가 그렇다. 평상시 공부 충실히 하고 절박하게 실전 경매에 뛰어들어야 결실을 맺는다.

그러나 현실은 어떨까? 각종 학원과 대학 평생교육원, 문화센터가 진행하는 경매 강좌는 장밋빛 환상을 홍보한다. 조금만 배우면 누구나 큰 돈 만질 수 있다는 식이다. 경매 서적도 이 범주에서 크게 벗어나지 않는다. 그 말을 철석같이 믿고 덤볐다가는 큰 코 다친다. 예전에 비해 최고가 낙찰자가 보증금을 포기하는 일이 점점 늘어나는 현상도 거기서 연유한다.

경매는 낙찰 받았다고 성공한 게 아니다. 일반 투자 상품보다 높은 수익률을 챙겼을 때 비로소 성공한 경매다. 진짜 성패는 낙찰 후라는 말이다. 야구나 권투 규칙 안다고 시합에 출전할 수 있을까? 돌아가는 프로세스를 알고 나머진 실전에서 배운다? 매우 위험한 발상이다. 수업료가 감당하기 힘들 게 비쌀 수 있다.

부동산 투자 아이템을 스포츠에 비유한다면 경매는 이종격투기다. 부실하게 훈련하고 링에 올랐다가 다시는 링에 서지 못할 수 있다. 명심하자. 경매에 참여하기 전 반드시 숙지해야 할 팁을 소개한다.

1. 공부 싫으면 경매 관심도 끊자

경매는 기초 법률 지식부터 정확히 익혀야 한다. 물권과 채권의 효력 차이, 임대차, 가압류, 가처분, 가등기, 근저당권, 공부 서류 판독 등등. 요즘은 사설 경매정보사이트가 기본적인 권리 분석을 제공하긴 한다. 이때문에 간단한 절차와 말소기준권리 등 기초적인 지식을 습득하고 경매

경매 공부에 도움이 되는 내용이 많음

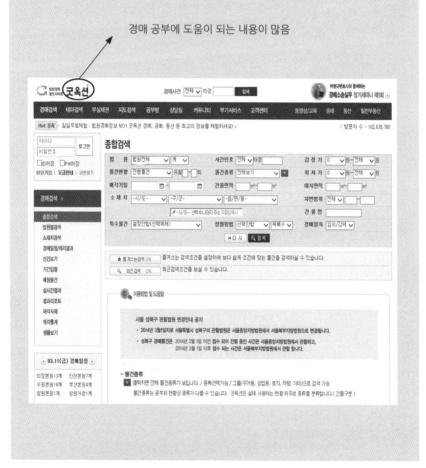

에 나서는 일이 많다. 그래선 안 된다. 귀찮더라도 경매 관련 법률과 부동산, 경제에 대한 충분한 학습이 선행된 후 뛰어들자. 대법원경매정보와 굿옥션, 지지옥션 등 사설경매정보사이트를 찬찬히 살펴보면 유용한 지식이나 정보가 많이 들어 있다. 평소 이들 사이트를 자주 방문하면 도움이 된다.

경매절차, 경매용어, 경매비용 등의 내용과 주택임대차보호법 등 권리분석을 위한 주요법령에 대한 안내가 상세하게 되어 있어 경매와 관련된 기본 지식을 익히기에 좋다.

낙찰가율 등의 각종 통계정보를 통해 시장 분위기 파악에 용이

2. 경매 목적부터 세우자

조금 독해질 각오를 해야 한다. 그럴 자신이 없다면 급매물이 낫다. 실제로 경매에 참여하면 이 뜻을 체감하게 된다. 더운 여름과 추운 겨울에 현장 조사를 나가거나, 경매를 경원시하는 사람의 조롱 어린 눈빛을 느낄 때는 더더욱 그렇다. 특히 명도 단계에서 대책 없는 유형의 점유자나 가슴 아픈 사연을 접하면 경매 자체에 회의감이 들기도 한다. 다른 재테크 수단과는 차원이 다른 정신 무장이 필수다.

3. 잘 아는 동네에서 시작하자

부동산은 본질적으로 국지성이 강하다. 전문가도 자기가 모르는 동네에선 일반인과 다를 바 없다. 적정 가격 수준조차 가늠하지 못한다. 경매 초보자는 이론적 실전적 토대가 축적될 때까지 잘 아는 동네에 한정해서 투자하는 자세가 필요하다. 리스크를 최대한 줄이는 길이다.

4. 팔 자신 없으면 낙찰 받지 말자

누차 강조한다. 낙찰 받기 위해서 경매하는 게 아니다. 일반 매매보다 저렴하게 취득하는 게 목적이다. 투자 목적으로 경매에 접근하는 사람은 수익률 못잖게 빠른 자금 회전도 중요하다. 낙찰 후 일반 부동산 중개 매매 시장에서 물건을 구입해 줄 수요층이 있는지 충분히 검토해야 한다. 입찰은 그 다음이다.

5. 법률 전문가와 부동산 전문가를 알아두자

변호사나 부동산 분석가는 경매를 잘 할까? 그렇지 않다. 실전 경매에

능한 변호사나 부동산 분석가가 극소수다. 왜 그럴까? 변호사는 부동산을 제대로 모르고, 부동산 분석가는 법률관계를 제대로 몰라서다. 제각각 약점을 가진 셈. 경매에 관심을 가진 투자자라면 두 방면의 지식을 균형 있게 갖춰야 한다. 그러나 아무리 공부해도 한계에 봉착한다. 따라서 권리관계 사안이 복잡한 물건은 법률 전문가의 도움이, 시장 판단이나 애매한 물건의 가치 측정은 부동산 분석가의 도움이 필요하다. 평소 친분관계가 돈독하지 않으면 사소한 사안을 일일이 묻기 어렵다. 그러다 본인이 대충 주관적으로 판단하고 입찰에 참여했다 쓴 맛을 보기 십상이다. 보통 께름칙하게 여겼던 부분에서 문제가 터진다. 비용 부담 없이 편하게 상담할 수 있는 전문가가 곁에 있으면 경매 두려움이나 리스크는 훨씬 줄어든다.

6. 자신만의 낙찰가 산정 방법이 필요하다

낙찰이 안 되면 그간의 노력이 헛수고가 된다. 매번 고생만 하고, 계속 낙찰에 실패하면 힘도 빠지기 마련이다. 이러다 보니 무리하게 입찰에 참여했다가 고가 낙찰을 받는 사례가 부지기수다. 입찰가 산정에 대한 노하우가 필요하다. 경매 참여자는 대개 유사한 물건의 최근 낙찰가율을 참조해 입찰에 임한다. 그러나 이 방식은 고액 낙찰로 이어질 소지가 있다. 경매 시장이 과열된 상태라면 유사 물건의 낙찰가율 자체가 너무 높아서다. 그렇다면 어떻게 해야 할까? 전문가들의 노하우를 참고하자. 물론 전문가마다 나름의 입찰가 책정 방법을 가졌다. 그래도 공통분모가 있다. 우선 희망 물건의 최근 시세를 파악한다. 시세는 급매가를 기준으로 한다. 다음으로 물건 소재지와 생활권역이 동일한 곳 또는 비슷한 지

역에 있으며, 동일한 유형에 해당하는 경매 물건의 근래 낙찰가를 3~4
개 수집한다. 이들 물건의 평균 낙찰가율과 기본적인 수익률 계산을 통
해 입찰가를 비교한다. 수익률 측정 땐 물건 유형에 따라 가능한 운영
소득(월세 수입)과 자본 이득(시세 차익)에 대한 시장조사가 선행돼야
한다. 명도비와 수리비도 감안한다. 만약 최근의 낙찰가율이 지나치게
높아 수익률이 여의치 않다면 부동산 시장의 전망을 판단해 결정한다.
끝으로 보수적 입찰가와 공격적 입찰가를 선정한 후 당일 경매 분위기
와 시장 흐름을 종합해 입찰한다. 아래 표는 경매 참여 때 투입되는 비
용과 기본적인 수익률을 산정하는 방법에 대한 예시다. 소형 오피스텔
을 낙찰 받았다고 가정하고 분석했다. 종목별 양도소득세 감면 여부와
세율이 달라 양도소득세를 제외한 세전현금수지를 산출했다. 재산세와
종합소득세, 중개수수료, 관리비용 등도 각 투자자의 사정을 고려해 감
안해야 할 것이다. 세세한 액수는 무시하자. 경매 때 검토해야 할 항목
을 소개하는 게 목적이다.

경매 투입 비용 추산

낙찰가	1억 원
경락잔금대출	7천만 원(경락잔금대출 가능액 사전 확인)
부동산 매입 자기 자본	3천만 원
취득세+법무사 수수료 등	500만 원(대략 5% 수준 / 취득세·양도소득세 등을 미리 고려한 절세 대책 필요)
명도비	100만 원(전액 배당 받는 임차인이 점유한 경우라면 고려할 필요 없음)
수리비용	400만 원(변수 많음)
총 예상 비용(자기 자본)	4천만 원

수익률 산정

실제 투자금(총 투자 비용 – 보증금)	4천만 원 – 500만 원 = 3천500만 원
연 임차료(연 월세 수입)	40만 원 × 12= 480만 원 (시장조사 중요)
연 지급 이자	7천만 원 × 4% = 280만 원 (금리 추이 예측)
연 임차료 – 지급이자	200만 원
예상 운영소득	200만 원 ÷ 3천500만 원 × 100 = 5.71%
예상 자본이득(시세 차익) 2년 뒤 매각 가정	2천만 원 (매입가가 저렴해야 시세차익 기대 가능)
자기자본 수익률 (실 투자금 대비 수익률) 매각차익 + 2년간 운영소득	2천400만 원(세전 연 34% 수익 / 중개수수료 등 비용과 세금을 계산하면 실제 수익률은 하락)

부록 초보 부동산 투자자가 알아야 할 유용한 TIP

　부록은 부동산 정보 수집 방법과 부동산 공적 서류 판독법을 안내한다. 부동산 투자에 관심을 가진 사람이라면 반드시 알아야 할 부분이다. 특히, 직접 투자하기 전에 찬찬히 확인한다면 많은 도움이 될 것으로 확신한다.

부동산 정보를 얻기 위한 유용한 사이트 활용법

1. 기본 통계 제공

① 온나라부동산정보 통합포털(www.onnara.go.kr)

국토교통부에서 운영하는 부동산 정보 포털 사이트다. 국내의 토지 · 주택 · 아파트 · 지가 등의 거래 정보와 공급 현황을 파악하기에 용이하다. 부동산 시장의 거시적이고 다양한 환경을 이해하기 위해서는 각 분야의 정보를 가공 분석해야 하는 만큼 공신력 있는 통계를 제공한다. 특히, 아파트 외의 주택이나 상업용 건물 등의 인허가 사항과 거래 원인을 분석하는 데 활용하기 좋다.

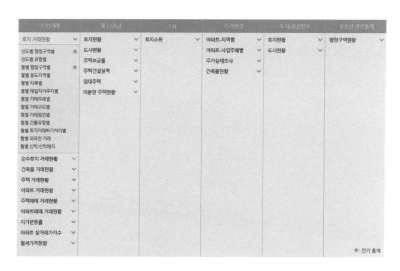

② KOSIS 국가통계포털(www.kosis.kr)

국내의 인구 · 가구 · 고용 · 노동 · 임금 · GDP · 경제 활동 등 전반적인
경제 관련 통계를 담고 있다. 인구 구조와 관련해 미래 추계인구를 예측
하거나 지역별 급여 수준을 참조하는 데도 유용하다.

2. 입주 및 분양 통계 제공

① 부동산114(www.r114.com)

국내 최대의 부동산정보회사인 부동산114는 장기간의 시세 제공 서비스를 하고 있다. 입주와 분양 아파트 리스트를 확인하는 데 적격이다. 아파트 시장 분석에서 입주와 분양 통계만 반기 단위로 조사해서 자신의 것으로 만들어 활용할 수 있다면 이미 전문가의 반열에 올랐다고 할 수 있다. 또한, 10년간 장기 시세 추이와 실거래가격, 시세를 비교하기에 유용한 사이트이다.

② 네이버 부동산(land.naver.com)

부동산114보다 데이터가 풍부하지는 않다. 그러나 전국의 중개사무소에서 등록하는 매물을 확인할 수 있다. 매물 가격은 대부분 호가 개념이기 때문에 실거래 가격과 비교해서 확인하는 것이 좋다. 또한, 부동산과 관련된 각 언론사의 뉴스를 한눈에 확인할 수 있어 시장의 분위기를 파악하는 데 도움이 된다.

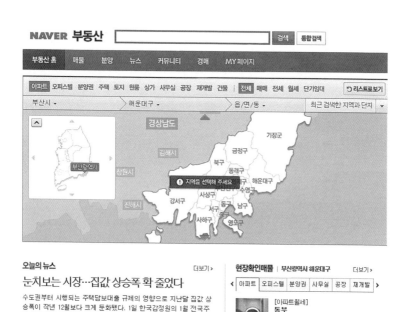

3. 상권정보시스템(sg.sbiz.or.kr)

소상공인시장공단에서 운영하는 상권정보시스템은 현재까지 상권의 기본 자료를 조사할 때 가장 유용한 사이트다. 창업할 동네를 포함해 3개 상권까지 비교할 수 있다. 각 상권 내 업종과 매출, 상주 인구와 유동인구, 매출 분석이 가능하다. 해당 지역의 DB가 업데이트되는 시점과 현장과의 시간 차이가 발생하기 때문에 꼭 현장 조사도 병행해야 한다.

4. 한국감정원 부동산통계정보(www.r-one.co.kr)

상업용 부동산 임대동향을 제공하는 유일한 사이트다. 상가 관련 정보를 이용할 수 있는 사이트가 없는 상태에서 매장용 상가와 오피스 상가에 대한 임대료와 수익률 동향을 파악할 수 있다.

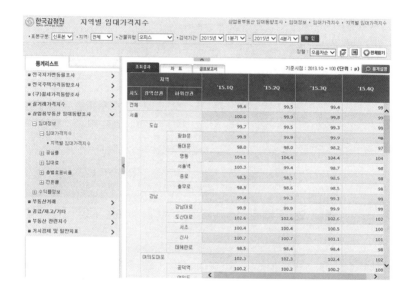

5. 네이버 지도(map.naver.com)

상권을 조사할 때 네이버나 다음 포털 사이트의 지도도 유용하게 활용할 수 있다. 지도상에 표시되는 업종과 관공서, 교통 정보는 지역을 한눈에 파악하기 용이하다. 또한, 로드뷰 서비스를 통해 직접 촬영된 사진을 현장에 가지 않더라도 세부 업종에 대해 확인할 수 있다. 지번 주소와 도로명 주소가 혼재되어 사용하고 있는 지금은 지적편집도 기능을 활용하면 주소 확인과 대지 크기, 용도 지역 비교가 가능하다.

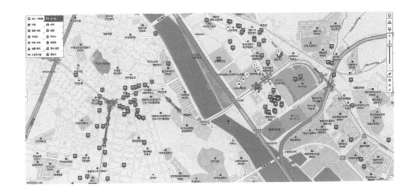

6. 네이버 DATA LAB(datalab.naver.com)

최근에 출시된 데이터 랩은 검색어로 지역의 트렌드를 확인 할 수 있다.
아직은 초기 단계이기 때문에 추상적으로 서비스하고 있다. 검색 키워
드, 조회수 등 월별 트렌드를 더욱 상세하게 알고 싶으면 네이버 검색광
고(searchad.naver.com)의 광고관리시스템에 로그인하면 된다.

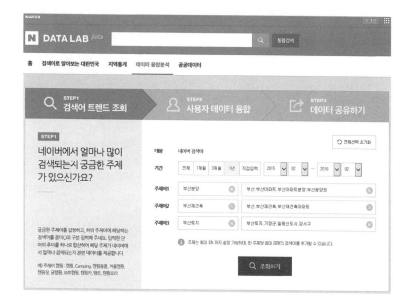

부동산 투자에 꼭 필요한 각종 공부서류 활용법

부동산은 경제적 가치 분석이 아무리 잘되었더라도 법적 분석에서 문제가 발생하면 큰 손해로 직결된다. 대부분의 부동산 투자자들은 입지의 좋고 나쁨을 비롯하여 물건의 외형적 가치와 하자 등에 대해서는 열심히 공부하고, 나름의 분석 과정을 거친다. 최근에는 부동산 관련 교육이 확대되며 미시적 입지분석 외에도 부동산 수급현황, 정부 정책 등에 대해서도 관심이 높아지고 있다. 종합적인 연구가 필요한 부동산학의 특성상 다양한 부분으로 부동산시장이 연구되고 있다는 것은 반길만한 일이다. 반면에 경제적 측면이 부각되며 오히려 소홀히 다루는 부분이 있다. 바로 부동산의 법률적 분석이다. 일반적인 상품은 물건을 사고파는 것이지만 부동산은 권리를 사고파는 것이다. 한 번쯤은 자조 섞인 말을 들어보았을 것이다. 은행 대출을 상당부분 안고 구입한 집에 대해 소유권자가 "이 집 내 것 아니야, 은행 꺼지" 하는 표현이다. 그렇다. 분명히 내 것이지만 또 내 것이 아닐 수도 있는 것이 부동산이다. 특히 공공재적 성격으로 인해 많은 공법적 규제 또한 존재한다. 법률적 분석이 잘못되면 큰 손해를 보거나 평생 애물단지가 될 수 있다. 기획 부동산에 속아 큰 손해를 보았다는 사람의 대부분도 경제적 가치 분석이 잘못되어 이른바 덤터기를 쓴 경우보다는 법률적 문제로 현실적인 손해를 보는 경우가 더 많다. 법이라면 골치 아프다는 생각이나 거부감을 가지고 있는 사람이 많은 것도 이러한 현실에 일조하고 있다. 그러나 소극적

방어차원이 아니라 부동산 관련 법규를 잘 이해하게 되면, 투자 측면에서도 고수익을 올릴 수 있는 기회를 잡을 수 있다. 일반적으로 생각하는 권리관계가 복잡한 경매물건이 대표적이다. 경매가 주로 민사법적 지식을 활용하는 경우가 많다면 토지나 개발 관련해서는 부동산 관련 공법적 지식을 많이 활용하게 된다. 이렇게까지 깊이 있는 공부를 요하는 것은 특수한 상황이라고 하더라도, 최소한 부동산종합증명서와 등기사항전부증명서 정도는 판독이 가능해야 한다. 특히 과거 토지이용계획 확인원, 토지대장, 지적도, 건축물대장 등으로 복잡하게 나뉜 부동산 공적서류가 2016년 1월부터 부동산 종합 증명서 하나로 통합되었다. 다음의 국토 교통부 보도 자료를 참조하기 바란다.

부동산 관련 증명서 18종을 1종으로 "일사편리" 완성
- 부동산 등기특정권리사항이 포함된 부동산종합증명서 서비스 실시 -

□ 국토교통부는 부동산 관련 정보를 종합적으로 서비스하기 위하여, 지난 12년부터 부동산의 효율적 이용과 부동산과 관련된 정보의 종합적 관리·운영을 위해 추진한 '부동산행정정보일원화사업'을 완료하고, **18종의 부동산 관련 증명서상의 정보를 1종의 부동산종합증명서**에 담아 발급해주는 **"일사편리" 서비스를 '16. 1. 1일부터 시작**한다고 밝혔다.

ㅇ그동안 "일사편리" 서비스는 1차적으로 지난 '14. 1. 18일부터 시행하였으나, 그때는 부동산 등기정보를 제외한 15종의 부동산 공부에 대한 증명서를 서비스해 왔고, 이번에 **3종의 부동산 등기정보*를 추가**로 서비스함으로써 비로소 **18종의 부동산 공부에 대한 정보를 하나의 증명서에 담아 서비스**하게 된 것이다.

> * **소유권**, **용익권**(지상권, 지역권, 전세권, 임차권), **담보권**(저당권, 근저당권, 질권, 근질권), **기타**(압류, 가압류, 가처분, 경매개시결정, 강제관리, 가등기, 환매특약)등 등기기록의 **등기특정권리사항 유무**를 표시

□ "일사편리"는 1차 서비스 기간('14. 1. 18 ~ '15. 12월) 동안 **누적 열람·발급 건수가 300만건**(1일 평균 4,700건)을 넘어섰고, 특히 **온라인을 통한 열람 발급 건수가 지난해 42만건**(1일 평균 1,150건)에서 **금년에는 190만건**(1일 평균 3,500건)을 넘어서는 등 서비스 **이용자 수가 급증**하고 있다.

> * 행자부, LH공사 등 118개 기관 169개 시스템 연계를 통해 부동산정보 활용

ㅇ "일사편리" 서비스를 통해 **국민들은 부동산 관련 정보를 종합적으로**

확인함으로써 **합리적인 자산관리가 가능**해지고, **공공기관은** 개별민원을 하나의 증명서로 확인할 수 있어 **업무 효율을 높이는 효과**를 보고 있다.

□ 국토교통부는 **부동산종합증명서 서비스를 통해 정부 3.0 맞춤형 국민서비스 실현을 완성**하는 한편 **부동산종합증명서가 국민들과 관련 기관에서 보다 효율적으로 활용**될 수 있도록 지속적으로 발전시켜 나가겠다고 밝혔다.

□ **부동산종합증명서는 전국 시군구 민원실 및 읍면동 주민센터 그리고 온라인*을 통해 발급 및 열람**할 수 있다.

* 일사편리 부동산통합민원 (www.kras.go.kr)

개선사항

- (**용어혼선 재정의**) 변경일자 등 용어 통일 및 **토지 소유권, 대지권 등** 사용자 혼선이 발생하는 용어를 조정하고 "원" 등 정보단위 추가

- (**도면정보의 위치 변경으로 가독성 확보**) 첫 장에 있는 토지이용계획 도면을 지적도와 한면으로 이동배치하여 **도면 가독성을 높임**

- (**정보의 배치 순서 등 일관성 확보**) 각 정보는 **최신 정보가 가장 상단**으로 오도록 하고, 좌측에서 우측으로 배열함

- (**안내사항 및 유의사항 표시 강화**) 민원인에게 18종 개별공부에서 안내하는 사항을 최대한 반영하여 제시함으로써 정보해석 오류 방지

- (**등기정보 단계별 발급**) 등기 권리사항 요약을 우선 적용하고, 정보품질 및 서비스 시간 등에 대한 검증 이후 서비스 범위를 확대

자료 출처: 국토해양부 보도자료(2015년 12월)

분야	부동산 공부	관련법	관련부처	운영	비고
	18종	**5개 법**	**2 부**		
지적 (7종)	1) 토지대장 2) 임야대장 3) 공유지연명부 4) 대지권등록부 5) 지적도 6) 임야도 7) 경계점좌표등록부	공간정보의 구축 및 관리 등에 관한 법률	국토교통부	시·도 사군구	
건축물 (4종)	8) 건축물대장(일반건축물) 9) 건축물대장(총괄표제부) 10) 건축물대장(집합표제부) 11) 건축물대장(집합전유부)	건축법			
토지 (1종)	12) 토지이용계획확인서	토지이용규제 기본법			
가격 (3종)	13) 개별공시지가확인서 14) 개별주택가격확인서 15) 공동주택가격확인서	부동산가격공시 및 감정 평가에 관한 법률			
등기 (3종)	16) 등기부등본(토지) 17) 등기부등본(건물) 18) 등기부등본(집합건물)	부동산등기법	대 법 원 (법원행정처)	등기소	

| 참고 1 | 18종 부동산 공부 현황 |

| 분야 | 부동산 공부 | 관련법 | 관련부처 | 운영 | 비고 |

초보 부동산 투자자가 알아야 할 유용한 TIP

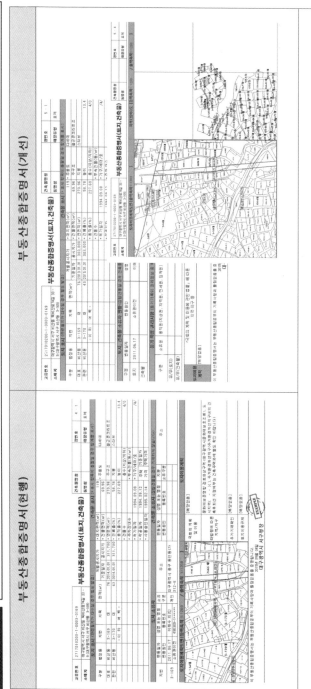

부동산종합증명서(현행)

부동산종합증명서(개선)

[개선사항]

- (용어혼선 제정의) 변경일자 등 용어 통일 및 토지 소유권, 대지권 등 사용자 혼선이 발생하는 용어를 조정하고 "원" 등 정보단위 추가
- (도면정보의 위치 변경으로 가독성 확보) 첫 장에 있는 토지이용계획 도면을 지적도와 한면에 이동배치하여 도면 가독성을 높임
- (정보의 배치 순서 등 일관성 확보) 각 정보는 최신 정보가 가장 상단으로 오도록 하고, 좌측에서 우측으로 배열함
- (안내사항 및 유의사항 표시 강화) 민원인에게 18종 개별공부에서 안내하는 사항을 최대한 반영하여 제시함으로써 정보제공 오류 방지
- (등기정보 단계별 발급) 등기 권리사항 요약을 우선 적용하고, 정보품질 및 서비스 시간 등에 대한 검증이후 서비스 범위를 확대

■ 공간정보의 구축 및 관리 등에 관한 법률 시행규칙 [별지 제71호의3서식] <개정 2015. 6. 4.>

부동산종합증명서(토지, 건축물)(말소)

고유번호				건축물 명칭	장번호
소재지				건축물 동명칭	대장유형

토지 표시 (관련 필지가 다수일 경우 별도로 발급)

구분	법정동	지번	지목	면적(㎡)	개별공시지가 (원/㎡)	
					기준일자	공시지가

건축물 표시 (* 표시 항목이 총괄일 경우 합계를 표시)

* 대지면적(㎡)	주용도
* 건축면적(㎡)	주구조
* 연면적(㎡)	지붕
* 건폐율(%)	높이
* 용적율(%)	층수(지상/지하)
* 건물수	부속건물(동/㎡)
* 허가일자	가구/세대/호
* 착공일자	주차 대수
* 사용승인일자	승강기

토지, 건축물 소유자 현황 (집합건물일 경우 건축물 소유자는 기재하지 않음, 토지는 건축물의 대표지번을 기준으로 작성됨)

구분	변동일자	변동원인	성명 또는 명칭	등록번호	주소
토지					
건축물					

등기 특정 권리사항 (등기기록의 권리정보 중 일부 특정 권리의 유무만 기재한 것임. 기준시점 : 0000년/00월/00일 00시:00분)

구분	소유권	용익권 (지상권, 지역권, 전세권, 임차권)	담보권 (저당권, 근저당권, 질권, 근질권)	기타(압류, 가압류, 가처분, 경매개시결정, 강제관리, 가등기, 환매특약)
유/무(토지)				
유/무(건축물)				

토지이용 계획

「국토의 계획 및 이용에 관한 법률」에 따른 지역·지구 등 | 다른 법령 등에 따른 지역·지구 등 | 「토지이용규제 기본법 시행령」 제9조제4항 각 호에 해당되는 사항

이 부동산종합증명서는 부동산종합공부의 기록사항과 틀림없음을 증명합니다.

년 월 일

**특별자치시장
시장·군수·구청장
경제자유구역청장**

[직인]

이 부동산종합증명서는 부동산종합공부의 기록사항과 틀림없음을 증명합니다.

297㎜×210㎜[백상지 80g/㎡(재활용품)]

초보 부동산 투자자가 알아야 할 유용한 TIP

부동산종합증명서(토지, 건축물)

고유번호		건축물 명칭		장번호	
소재지		건축물 동명칭		대장유형	

층별 현황

주/부	층명칭	층별구조	층별용도	면적(㎡)	주/부	층명칭	층별구조	층별용도	면적(㎡)

토지 소유자 공유 현황

변동일자 변동원인	성명 또는 명칭 등록번호	주소	지분

건축물 소유자 공유 현황

변동일자 변동원인	성명 또는 명칭 등록번호	주소	지분

부동산종합증명서(토지, 건축물)

고유번호				건축물 명칭			장번호
소재지				건축물 동명칭			대장유형

토지이용계획 확인도면 [출력축척   ] 지적(임야)도 [등록축척   ] 건축물 [등록축척   / 출력축척   ]

* 이 도면으로는 측량, 건축설계도면 등 그 밖의 목적으로 사용할 수 없습니다.

* 이 도면으로는 지적측량을 할 수 없습니다.

고유번호		건축물 명칭	
소재지		건축물 동명칭	대장유형

부동산종합증명서(토지, 건축물)

안내사항

※ 「공간정보의 구축 및 관리 등에 관한 법률」 제84조 규정에 의한 등록사항정정 대상 토지입니다.
※ 구획정리(경지정리/토지개발사업/지적재조사)사업 시행중인 토지입니다.
※ 「공간정보의 구축 및 관리 등에 관한 법률」 제74조 규정에 의해 토지소유자를 복구한 토지입니다.
※ 해당 토지의 건축물은 "위반 건축물"입니다.

토지이용계획도면 범례

유 의 사 항

[토지이용계획]

1. 토지이용계획은 「토지이용규제기본법」 제5조 각 호에 따라 지역·지구 등에 지정내용과 그 지역·지구 등에서의 행위제한 내용, 그리고 같은 법 시행령제9조제4항에서 정하는 사항을 확인해 드리는 것으로서 지역·지구·구역 등의 명칭을 쓰는 모든 것을 확인해 드리는 것은 아닙니다.

2. 「토지이용규제기본법」 제8조 제2항 단서에 따라 지형도면을 작성·고시하지 않는 경우로서 「철도안전법」, 제45조에 따른 철도보호지구, 「학교보건법」, 제5조에 따른 학교환경 위생정화구역 등과 같이 별도의 지정 절차 없이 법령 또는 자치법규에 따라 지역·지구 등이 범위가 직접 지정되는 경우에는 그 지역·지구 등의 지정여부를 확인해드리지 못할 수 있습니다.

3. 「토지이용규제기본법」 제 8조 제 3항 단서에 따라 지형도면 등이 지형도면 등의 고시가 관련된 경우로서 「토지이용규제기본법시행령」 제 7조제 4항 각 호에 해당되는 경우에는 그 지형도면 등의 고시 전에 해당지역·지구·지구 등의 지정여부를 확인해 드립니다.

4. "확인도면"은 해당필지에 지정된 지역·지구·지구 등의 지정여부를 확인하기 위한 참고 도면으로서 법적효력이 없고, 측량이나 건축설계도면 등으로 사용할 수 없습니다.

5. 지역·지구 등에서의 행위 제한내용은 신청인의 편의를 도모하기 위하여 관계 법령 및 자치법규에 규정된 내용을 그대로 제공해 드리는 것으로서 신청인이 신청한 경우 에만 제공되며, 신청 토지에 대하여 제공된 행위 제한의 모든 내용의 범위되는 것은 아닙니다.

※ 지역·지구 등에서의 행위제한 내용은 신청인이 신청한 경우에만 기재되며, 「국토의 계획 및 이용에 관한 법률」 에 따른 지구단위계획구역에 해당하는 경우에 는 담당과를 방문하여 토지이용과 관련한 계획을 별도로 확인하셔야 합니다.

[부동산종합증명서]

※ 부동산종합증명서에는 지적공부, 건축물대장, 토지이용계획확인서, 개별공시지가확인서, 개별(공동)주택가격확인서 등 부동산공적장부 정보를 전자적으로 작성된 것을 개별 부동산공적장부의 항목 중 일부는 출력되지 않을 수 있습니다.

[등기 특정 권리사항]

1. 등기 특정 권리사항은 등기기록 중 특정권리만 표시된 것으로 일부 표시(토지) 않은 권리사항도 있을 수 있으니 반드시 등기기록을 확인하시기 바랍니다.
2. 가등기는 소유권(전용구권리등기), 소유권이(전)담보기등기, 지상권·지역권·전세권·임차권·(근)저당권·질권·경정실정 청구권 가등기 만에 관한 것입니다.

등기사항전부증명서 읽는 법

등기사항전부증명서. 일명 등기부다. 부동산 거래에서 반드시 확인해야 하는 서류다. 부동산 거래는 동산 거래와 다르다. 물건이 오가는 게 아니다. 권리관계 서류를 주고받는 것이다. 이 점을 분명히 인식하자. 부동산 거래 땐 그 부동산에 거주하는 사람이 누구든 상관없다. 오로지 등기부를 보고 물건을 판단해야 한다. 등기부를 처음 보면 복잡하고 어렵게 느껴진다. 낯설어서 그럴 뿐이다. 겁낼 필요 없다. 자신이 사는 집 등기부를 한번 발급받아 아래 설명을 참조해 분석해 보길 권한다.

등기부는 구성이 간단하다. 표제부와 갑구, 을구가 전부다. 표제부는 부동산의 사실관계. 주소나 면적, 구조 등등. 갑구는 소유권 관계다. 을구는 소유권 외의 모든 권리관계를 다룬다.

사실 표제부는 별다른 해독법이 없다. 이해하기 쉽다. 하지만 갑구와 을구는 읽는 법이 따로 있다.

우선 갑구. 압류, 가압류, 가등기, 가처분, 경매개시결정등기 정보가 일목요연하게 담겼다. 여기서 잠깐 유의사항. 우리나라는 토지와 건물의 등기부가 별도로 존재한다. 지주와 건물주가 다를 수 있다는 뜻이다. 둘 중 어느 한 쪽의 소유권이 없으면 난해한 문제가 발생한다. 재산상의 손실 우려도 높다. 해서 부동산 거래 때는 반드시 토지 등기부와 건물 등기부를 모두 확인한다.

등기부 샘플을 가지고 내용 분석을 해 보자.

우선 순위번호 1-1의 등기 원인에 '전거'란 말이 나온다. 전거는 토지 소유자의 주소가 이전됐다는 말이다. 순위번호 2의 등기 원인은 '매매'다. 소유권 이전이 매매 계약을 통해 이뤄져서다. 만약 증여였다면 증여로 기록된다. 순위번호 2의 권리자 및 기타사항에 '공유자'가 등장했다. 공유자는 매수자가 1인이 아니라 2인 이상이라는 얘기다. 지분 4분의 1은 해당 부동산의 소유권에 대해 4분의 1의 분량만큼 권리를 가지고 있다는 뜻이다. 본 등기부에서는 4명이 부동산 소유권을 균등하게 나누고 있다. 물론 각자 지분크기가 다른 경우도 많다. 공유자들의 주민등록번호를 보면 연령대와 성별을 통해 이들의 관계 유추도 가능하다. 50년대생 2인은 부부로, 80년대생 2인은 자녀로 여겨진다.

이런 유추는 경매에서 아주 중요하다. 공적 장부를 보고 공유자 관계를 파악하면 거래에 큰 힘이 된다. 특히 가짜 임차인이나 허위 채권채무관계를 밝히는 데도 도움이 된다. 물론 현상조사 때도 유익한 유추다.

등기부 샘플에서 보듯 최근 가족명의의 공유 지분 등기가 적잖다. 그 목적은 세 가지로 대별된다.

첫째는 절세다. 재산세 부담 총액이 같지만 종합부동산세에서 차이가 날 수 있다. 특히 양도소득세가 그렇다. 개인별 소득 금액에 따라 과표 구간과 공제 금액이 달라진다. 절세 측면에서 1인이 2억 원의 양도차익을 올리기보다 4인에게 5천만 원씩 차익을 분산하는 게 낫다. 증여세와 상속세도 마찬가지. 하지만 미성년자 자녀와 소득이 없는 자녀는 구입 자금 자체가 증여로 의제될 수 있다.

둘째는 사고 방지다. 공유 지분은 소유권 변동 때 전체 공유자의 동의가 필요하다. 한 사람이 마음대로 할 수 없다는 뜻이다. 물론 지분 거래는 가능하지만 현실적으로 제 값을 받기가 어렵다.

등기사항전부증명서(말소사항 포함) - 토지

[토지] 부산광역시 부산진구 양정동

【 표 제 부 】 (토지의 표시)

표시번호	접 수	소 재 지 번	지 목	면 적	등기원인 및 기타사항
1 (전 1)	1999년11월2일	부산광역시 부산진구 양정동	대	500.0㎡	부동산등기법 제177조의 6 제1항의 규정에 의하여 2000년 03월 14일 전산이기

【 갑 구 】 (소유권에 관한 사항)

순위번호	등 기 목 적	접 수	등 기 원 인	권 리 자 및 기 타 사 항
1 (전 1)	소유권이전	1962년10월25일	1962년9월20일 매매	소유자 김** 부산진구 양정동 부동산등기법 제177조의 6 제1항의 규정에 의하여 2000년 03월 14일 전산이기
1-1	1번등기명의인표시변경		2005년2월17일 전거	김**의 주소 부산광역시 부산진구 초읍동 2011년10월 24일 부기
2	소유권이전	2011년10월24일	2011년9월22일 매매	지분 4분의 1 장** 5I*****

1/5

열람일시 : 2015년07월08일 10시32분50초

셋째는 재산 분할. 혹 이혼을 하더라도 재산을 확보하기 용이하다. 1인 명의로 된 물건도 재산분할청구권 등을 행사해 자신의 몫을 찾을 수는 있다. 그러나 처분금지가처분 등을 해 두지 않으면 어려움을 겪기 십상이다. 이제 을구를 살펴보자.

을구엔 저당권, 전세권, 지상권 등이 실린다. 을구 순위번호는 등기한 순서대로 부여된다. 갑구와 을구의 등기 날짜가 같다면? 접수번호에 의해 선후가 가려진다. 동일한 날짜에 소유권 이전등기와 저당권 등기가 동시에 들어온 경우 접수번호 빠른 게 우선권자다.

등기부 샘플에 실선(실제 등기부 상 붉은 실선)이 보인다. 근저당권 말소를 뜻한다. 근저당권은 채무 부담 때 설정한다. 그리고 채권최고액을 비롯해 채무자와 근저당권자가 등기부에 공시된다. 채권최고액은 통상 실제 원금의 120~130%다. 이 금액에 한해 다른 후순위 물권자(순위번호·접수번호 후순위)나 등기부에 공시되지 않는 일반 채권자보다 우선 변제 받을 수 있다. 또한 채무자가 부동산을 매도하더라도 소유권을 이전 받은 사람은 근저당권자보다 후순위다.

권리자 및 기타사항에 '공동담보'란 용어가 자주 보인다. 본 부동산 외에 다른 부동산에도 같은 근저당권이 설정되어 있을 때다. 건물이 있는 토지엔 대부분 건물과 토지에 공동담보가 설정된다.

여기까지가 등기부 기본 체크 요소다.

사실 등기부는 표제부와 갑구, 을구 외에 한 개의 항목이 더 있다. 바로 매매 목록이다. 실거래가액이 기재된다. 2006년 이후부터 등기부에 등장한 항목이다. 실거래가액 신고가 의무화돼서다. 아파트와 달리 토지나 일반 건물은 시세 파악이 쉽지 않다. 따라서 인접한 유사 건물의 실거래가액을 조사하면 도움이 된다. 그러나 맹신은 곤란하다. 다운계약이나 업계약도 있어서다. 설령 정상 신고됐다 해도 부동산 활황기나 침체기엔 가격 변동이 크게 발생할 수 있다.

[토지] 부산광역시 부산진구 양정동

순위번호	등기목적	접수	등기원인	권리자 및 기타사항
				부산광역시 부산진구 개금동 지분 4분의 1 검** 53**** 지분 4분의 1 장** 84**** 부산광역시 연제구 거제동 지분 4분의 1 장** 85**** 부산광역시 연제구 거제동
2-1	2번등기명의인표시변경		2011년10월31일 도로명주소	장**의 주소 부산광역시 부산진구 개금동 2013년11월21일 부기
3	2번장**지분4분의1 중 일부(3분의1), 2번검**지분4분의1 중 일부(3분의1), 2번장**지분4분의1 중 일부(3분의1), 2번장**지분4분의1 중 일부(3분의1)이전	2014년1월27일	2013년11월23일 매매	공유자 지분 2분의 1 장** 62**** 부산광역시 해운대구 좌동
4	2번장**지분전부,	2014년1월27일	2013년11월23일	공유자 지분 2분의 1

열람일시 : 2015년07월08일 10시32분50초

[토지] 부산광역시 부산진구 양정동

순위번호	등 기 목 적	접 수	등 기 원 인	권 리 자 및 기 타 사 항
	2번김**지분전부, 2번강**지분전부, 2번강**지분전부이전		매매	강** 67***** 부산광역시 해운대구 좌동

【 을 구 】 (소유권 이외의 권리에 관한 사항)

순위번호	등 기 목 적	접 수	등 기 원 인	권 리 자 및 기 타 사 항
1	근저당권설정	2011년10월24일 제62925호	2011년10월24일 설정계약	채권최고액 금100,000,000원 채무자 강*** 부산광역시 연제구 거제동 근저당권자 주식회사**은행 서울특별시 중구 을지로 공동담보 건물 부산광역시 부산진구 양정동
2	근저당권설정	2011년10월24일 제62925호	2011년10월24일 설정계약	채권최고액 금100,000,000원 채무자 강*** 부산광역시 연제구 거제동 근저당권자 주식회사**은행 서울특별시 중구 을지로 공동담보 건물 부산광역시 부산진구 양정동

열람일시 : 2015년07월08일 10시32분50초

[토지] 부산광역시 부산진구 양정동

순위번호	등 기 목 적	접 수	등 기 원 인	권 리 자 및 기 타 사 항
3	1번근저당권설정, 2번근저당권설정 등기말소	2014년1월14일 제2784호	2014년1월14일 해지	
4	근저당권설정	2014년1월27일 제4359호	2014년1월27일 설정계약	채권최고액 금500,000,000원 채무자 강** 　부산광역시 해운대구 우동 근저당권자 ****** 　서울특별시 중구 을지로 공동담보 건물 부산광역시 부산진구 양정동

【 매 매 목 록 】

부동산의 표시

목록번호				
거래가액	금1,000,000,000원			

일련번호				예 비 란		
			순위번호	등기원인		경정원인
1	[토지] 부산광역시 부산진구 양정동		3	2013년11월23일 매매		
2	[건물] 부산광역시 부산진구 양정동		3	2013년11월23일 매매		

4/5

열람일시 : 2015년07월08일 10시32분50초

초보 부동산 투자자가 알아야 할 유용한 TIP